T0246845

Aliciah

La Sanación Silenciosa

La experiencia del despertar de Aliciah

contada por Jai Arumi

editorial Kairós

© 2022 Aliciah

© de la edición en castellano:
2022 Editorial Kairós, S.A.
Numancia 117-121, 08029 Barcelona, España
www.editorialkairos.com

Revisión: Alicia Conde
Diseño cubierta: Editorial Kairós
Fotocomposición: Florence Carreté
Imagen cubierta: Dingzeyu Li
Impresión y encuadernación: Litogama. 08030 Barcelona

Primera edición: Febrero 2023
ISBN: 978-84-1121-130-7
Depósito legal: B 23.474-2022

Este libro está dedicado a mis padres
abuelos
bisabuelos

Sumario

Prólogo I

Solo la vida tiene propósito, nos dice Aliciah, así que doy gracias a la vida por convertirme en las manos de este libro que espero os abra el corazón.

La experiencia del despertar es una, pero se da de una manera única en cada ser humano que tiene la fortuna de rendirse a ella. En el caso de Aliciah, el silencio no solo ha sanado su mente, sino que también ha curado su cuerpo de las graves enfermedades que padecía.

Alicia Casas Rubiol era una mujer atrapada en un profundo sufrimiento. Estaba sola, sin un sostén familiar que la acogiera, sin dinero y sin esperanza. No era religiosa, ni practicante de ninguna tradición espiritual, ni nunca había abierto un libro de autoayuda; con todo, el silencio la escogió a ella para tocarla con su gracia.

No puedo evitar preguntarme, una vez más, por qué. ¿Por qué se da la experiencia del despertar en estos seres humanos que nunca la han buscado, al menos de una manera consciente? No tengo respuesta, ni yo ni Aliciah, ni nadie, pero tal vez, siendo estas personas muy distintas las unas de las otras, todas coinciden en un punto: todas se rindieron. Todas se entregaron a lo que el presente les proponía. Todas aceptaron lo inaceptable.

Aliciah estaba atrapada en un cuerpo enfermo, y en un patrón mental de impotencia y desesperanza que la llevó hasta las puertas del suicidio. Esa fue la única solución que encontró para liberarse de las duras condiciones físicas y psicológicas que sufría. Sin embargo, justo en el umbral, la vida le lanzó un hilo de esperanza y ella se agarró a él.

Esta fue su rendición. Ese fue el instante en el que Aliciah se convirtió en confianza y se entregó por completo a la vida. Ese fue el instante en el que Aliciah se sintió libre de su personaje por primera vez.

Su despertar se dio un tiempo más tarde, pero, desde mi punto de vista, ese fue el «sí». Ese fue el momento en que Aliciah soltó el volante de «su vida» y se convirtió en Vida.

Creo que esta es la gran enseñanza: la rendición es la llave que nos abre la puerta al Ser, al silencio, a la realidad última.

Rendición no significa resignación, sino aceptación consciente de lo que la vida nos propone aquí y ahora. Tal vez no nos guste lo que nos llega, pero la realidad se impone y no podemos cambiarla, solo aceptarla. La rendición nos permite utilizar la herramienta más poderosa que tenemos los seres humanos: la actitud. La actitud, para mí, requiere presencia, y la presencia siempre nos guía hacia la solución.

Otro de los grandes aprendizajes que se desprende de la historia de Aliciah es la función del sufrimiento en nuestra vida.

Se ha hablado mucho de la diferencia entre el dolor y el sufrimiento. El dolor es «normal»; si te pegan con un martillo duele, claro, es inevitable, pero si te sigues quejando muchos días después, eso ya no es «normal»; eso ya es sufrimiento, y el sufrimiento es opcional.

Aliciah vivía su sufrimiento en silencio, con culpa, como un castigo por las «cosas malas» que había hecho y que ni siquiera sabía cuáles eran. A ella la vida no la golpeó una sola vez, sino una detrás de otra. No tenía tiempo de recuperarse de un porrazo que ya le caía el otro. Así que el sufrimiento se convirtió en su estado natural. Seguro que algunas de las personas que conocieron a la Aliciah de entonces juzgaron que se recreaba en su dolor y que ese no era el camino. No, no era el camino a los ojos del mundo, pero era la propuesta que la vida le había reservado a ella, precisamente, para que trascendiera la ilusión del mundo.

«El sufrimiento necesita nuestro abrazo y nuestra aceptación para regresar a la unidad que es amor. Suframos con el sufrimiento, sin oponernos a él, dejemos que se libere a sí mismo. En la aceptación aparece la bondad profunda de la existencia», nos dice Aliciah.

Finalmente, otra enseñanza que se desprende de la historia que nos transmite Aliciah, tal vez la más valiosa y difícil de comprender, es que no existe separación entre «lo bueno» y «lo malo», sino que la conciencia lo abraza todo.

Al ser humano le resulta imposible abrazar este «todo», ya que la mente pensante necesita juzgar, clasificar y condenar o premiar. La mente pensante está al servicio del ego, y el ego sabe que su alimento es la dualidad.

Si en lugar de rechazar y juzgar lo que la vida nos propone, intentamos descubrir qué tiene para nosotros, tal vez un día nos rindamos a ella. Tal vez un día el Silencio nos toque con su gracia.

Espero que las palabras de Aliciah os reconforten, os inspiren, os sacudan, os arranquen del sueño, os callen y os abran el corazón, como me lo han abierto a mí.

Jai Arumi
Barcelona, 26 de abril de 2022

Prólogo II

En este libro narro una experiencia de muerte y sanación, dos palabras que pueden parecer contradictorias, pero que para mí significan una misma cosa. La pasión que me impulsa a relatar lo que me pasó surge del agradecimiento profundo que siento por la vida y sus misterios.

Al contar mi experiencia no pretendo empujar a nadie a emprender un camino en solitario que pueda comprometer su salud física, mental o emocional.

Mi intención esencial es dejar que el libro actúe, que su lectura pueda despertar un proceso de observación en aquellos que resuenen con mis palabras.

Las personas que están convencidas de que sus dificultades no tienen solución no encontrarán nada en las páginas de este libro que pueda ayudarlas. Las creencias son murallas que erige el ego para protegerse, y hasta que no las derribamos no podemos descubrir la grandeza que somos. El sufrimiento puede ser un gran aliado en el proceso de evolución y crecimiento del ser humano, siempre que no luchemos contra él, siempre que se aprenda a soltarlo llegado el momento.

La experiencia que se ha realizado en mí es una prueba de que cualquier forma de vida puede ser una celda o un camino hacia la libertad. He estado encerrada en la cárcel del sufrimiento hasta que el mismo sufrimiento me ha llevado a la liberación.

Durante años, el miedo y la culpa guiaron mi día a día. Apenas conseguía soltar un pensamiento de inseguridad, ya aparecía otro que me decía que no era adecuada, que había fallado o que no daba la talla. Estos pensamientos, y otros peores, se solapaban y se retroalimentaban en mi mente sin darme un segundo de tregua. Según lo veía por aquel entonces, lo único que yo podía hacer era aguantar aquel castigo que me iba quemando por dentro.

Sin ser consciente de ello, me dejaba arrastrar allí donde el sufrimiento me llevaba y, día tras día y noche tras noche, construía muros entre mi corazón y mi piel. No me soportaba, no quería pasar ni un solo minuto a solas conmigo misma.

El sufrimiento me atrapó muy joven. No recuerdo qué edad tendría cuando la luz se apagó para mí. No recuerdo cuándo dejé de ver la belleza de la montaña, ni la claridad del agua del río, ni el brillo de las estrellas. No recuerdo cuándo acallé el palpitar del bosque. No recuerdo cuándo olvidé que el amor solo bebe del alma.

Vivía tan sumergida en el dolor y el sufrimiento que,

supongo, el silencio se compadeció de mí y una noche me abrió los ojos del corazón.

Es muy difícil relatar la experiencia que viví, solo puedo decir que ahora ya no miro, veo. Ya no escucho los pensamientos, solo oigo la voz de la realidad. Ya no quiero cambiar nada, solo rendirme a lo que acontece.

El despertar de aquella noche me desveló el amor que soy, el amor que somos todos. Hoy comprendo que la raíz del sufrimiento que me atenazó durante tantos años se alimentaba del desamor que sentía por mí misma. Hoy comprendo que para ser amados debemos convertirnos en amor.

Hoy no sé quién soy, y descubrirme instante a instante es una experiencia maravillosa.

Solo sé que, cuando llegas a ser nadie, te conviertes en todos y en todo.

Solo sé que, cuando te conviertes en todo, el espíritu inmortal se expresa en ti.

Solo sé que todo ocurre en el silencio, donde radica la verdadera libertad.

Solo sé que me hallo en el vacío.

Solo sé que mis sentidos, fundidos con el Ser, se llenan con el aliento de la vida.

Ya no me exijo ser una persona saludable y «normal», ya no soy una esclava de mí misma. La experiencia que he vivido me ha enseñado que la sanación ocurre cuando no rechazamos lo que sucede. Me ha enseñado que la curación surge de la quietud.

No saber nada me ha permitido salir de la ignorancia, y abrirme a la profundidad de mi mente consciente para acceder a lugares inconscientes.

La experiencia que he vivido me ha enseñado que el problema jamás fueron mis circunstancias vitales, sino la interpretación que yo hacía de ellas y el rechazo que sentía ante los acontecimientos que llegaban.

Ahora, libre de juicios, libre del pasado y del futuro, me reencuentro con la vida en el presente.

Es desde este presente que quiero acompañar a las personas a descubrir su potencial sanador y creativo. No pido a nadie que me crea, solo que cada uno experimente por sí mismo y en sí mismo. Si durante mi enfermedad física, psíquica y mental me hubieran dicho que yo tenía la llave de mi sanación, seguramente me hubiera reído o enfadado, por eso cuento la experiencia de mi sanación con el mayor respeto por aquellos que aún viven atrapados en el sufrimiento, para que no se olviden de verse en las estrellas, en el palpitar del bosque y en el murmullo del agua; para que no se olviden del magnífico potencial que se esconde en su corazón.

Espero que este libro sea una iniciación al amor, un despertar al SER. Una rendición a la vida.

Agradezco, desde lo más profundo de mi corazón, que estéis aquí.

ALICIAH

Barcelona, mayo de 2022

Sucedió el 11 de agosto a las once de la noche
del año 2016,
pero antes…

1. Una experiencia agotada

La vida es amor y es dolor. Un dolor de amor pariendo a la vida. Una vida que nos grita el gran amor que somos.

El sufrimiento se alimenta de creencias adquiridas y de inconsciencia. La subjetividad de nuestros pensamientos, heredados del linaje familiar y del ambiente y la educación recibida en la niñez, nos conduce a un patrón de comportamiento reactivo o evasivo que nos impide contactar con nosotros mismos y con los demás de una manera real.

Responsabilizarnos del dolor y del sufrimiento que sentimos y admitir que ninguna persona o circunstancia exterior es responsable de él es el primer paso para que se dé un cambio profundo en nosotros.

Yo culpé a mis padres del sufrimiento que sentía durante muchos años. Mi padre era un hombre violento que ejercía una disciplina casi militar sobre mi hermano y sobre mí, y mi madre era una mujer enferma, incapaz de tomar decisiones propias. Ni el uno ni el otro pudieron darnos amor. Sin embargo, hoy los contemplo con agradecimiento y con toda la ternura y la comprensión de la que soy capaz; sé que en cada momento hicieron lo que pudieron. Los llevo en el corazón.

Mi vida, hasta que desperté al silencio, no había sido nada fácil. Además del duro ambiente familiar en el que me crie, una serie de circunstancias me marcaron profundamente.

El primer recuerdo que tengo es de cuando tenía tres años. Mi madre acababa de llegar a casa tras haber dado a luz a mi hermano. Me acuerdo que yo estaba sentada a la mesa y mi madre se acercaba con un plato en las manos, cuando de repente se desplomó como un peso muerto.

La ingresaron de urgencias y estuvo entre la vida y la muerte durante más de seis meses, debido a complicaciones en el parto que no habían detectado y que le provocaron una hemorragia interna.

Durante el tiempo que mi madre estuvo en el hospital, mi hermano recién nacido y yo vivimos con mis abuelos, sin poder visitarla ni un día.

Las pesadillas referentes a ese día me persiguieron durante años.

La enfermedad no tardó en visitar a mi familia de nuevo. Esta vez le tocó a mi hermano que, con solo seis años, contrajo una grave hepatitis que los médicos no lograban curar y que estuvo a punto de llevárselo.

La inseguridad y el miedo se clavaron en mí de una manera profunda. Tenía la sensación de que la vida me amenazaba, que la muerte estaba al acecho, y que en cualquier momento me podía arrebatar del mundo; a mí o a cualquier persona de mi entorno.

A los quince años conocí a José Luis en la discoteca BarbaRoja de Barcelona, en una sesión de tarde para adolescentes. Enseguida congeniamos y nos hicimos novios. Junto a él, por primera vez en mi vida, descubrí el amor. Nos pasábamos las horas juntos y compartíamos confidencias y aficiones. Me parecía el hombre más guapo del mundo.

Un día, tenía dieciocho años, José Luis no se presentó a recogerme al trabajo. Me pareció muy extraño, pero por aquel entonces no había móviles y no me quedó más remedio que ir a casa y esperar su llamada.

No fue él quien llamó. Soy incapaz de recordar cómo o quién me informó de que José Luis estaba en el hospital porque había tenido un accidente mientras iba de camino a recogerme al trabajo. Murió a las pocas horas de ser ingresado, y la ilusión y el amor que yo sentía dentro de mí desde el mismo día que nos conocimos murió con él.

Tras este suceso, me rompí por dentro. La culpa empezó a ahogarme. No solo me sentía culpable por la muerte de mi compañero, me sentía culpable por todo. Me sentía inadecuada, fuera de lugar, perdida. Me detestaba y detestaba la vida. Me preguntaba qué había hecho mal para merecer a unos padres que no me amaban, y para perder a la única persona con la que me había sentido segura y querida como mujer.

No podía soportar el miedo, el dolor y la soledad que sentía. Necesitaba desaparecer, evadirme de la realidad que llamaba a mi puerta cada mañana.

Sin proponérmelo, o tal vez sí, me lancé a vivir experiencias límite que amortiguaran mi sufrimiento y acallaran las voces que martilleaban mi cabeza. Las drogas, los ambientes nocturnos y el sexo fueron mi refugio.

Me convertí en una adicta a cualquier sustancia y situación que me alejara de mí misma.

Sin embargo, el sufrimiento me persiguió de nuevo hasta atraparme. Esta vez fue a por mí, y lo hizo en forma de enfermedad.

* * *

A los veinticuatro años sufro un episodio agudo de ansiedad que acaba conmigo en el hospital. Es el primer síntoma de una serie de complicaciones posteriores que me convierten en una paciente psiquiátrica.

Me diagnostican una ansiedad suspendida, que quiere decir, según me explicaron los médicos, que además de los picos de angustia que manifestaba cada dos por tres, mi cuerpo estaba en un estado de estrés permanente. A pesar de la medicación que me prescriben y que tomo durante más de veintidós años, mis dificultades no se resuelven.

Al contrario, el hecho de ser catalogada como una persona psicológicamente enferma hace que aún sienta más rechazo hacia mí misma, más soledad y más miedo.

En ese momento estaba convencida de que mi vida había colapsado, que ya no podía caer más abajo. Me equivocaba.

A los treinta y nueve años, mi estado de salud empeora. Además de la ansiedad sostenida que padezco, que me dificulta la integración en la vida «normal», empiezo a sufrir una serie de trastornos extraños que empeoran mi salud de manera considerable.

Me paso meses yendo de un médico a otro y sometiéndome a un montón de pruebas. Finalmente, en el Hospital Universitario de Bellvitge, en la unidad de medicina interna, me diagnostican un síndrome autoinmune incluido en el listado de enfermedades raras de la FEDER (Federación Española de Enfermedades Raras).

«La prueba de medicina nuclear y la biopsia practicadas han confirmado que padece un síndrome autoinmune, hasta el momento sin cura», leo en el informe.

El rumbo de mi vida se modifica por completo.

Los días me parecen interminables y los dolores que padezco, por momentos, insoportables. Dejo de cuidarme, me convierto en una persona cabizbaja, desaliñada y poco comunicativa. Mis pensamientos me recuerdan una y otra vez lo desgraciada que soy.

El tratamiento médico no soluciona ninguno de los problemas que padezco, y el paso del tiempo empieza a preocuparme sobremanera. Me doy cuenta de que mi estado de salud empeorará día tras día, y que llegará un momento en que no podré trabajar. Sé que no cuento con la ayuda de mi familia, que, como mucho, me prestará un auxilio puntual.

La falta de descanso y el malestar físico agravan mi ansiedad y la depresión. He perdido el trabajo, la pareja y estoy a punto de perder la casa porque no puedo hacer frente a los pagos. El síndrome que padezco me obliga a ponerme unas gotas en los ojos varias veces al día para no perder las córneas. Este tratamiento es carísimo y no lo cubre la Seguridad Social.

Mis padres, tal como sospechaba, me facilitan un techo donde dormir en un apartamento que es de su propiedad y donde alquilaban habitaciones a extranjeros, pero me dicen que no pueden ayudarme a pagar el tratamiento, se desentienden de la evolución de mi enfermedad y de la soledad en la que me encuentro.

Me pregunto a quién puedo recurrir y qué será de mí. Me imagino un futuro de soledad y carencia.

Estoy aterrada. Aterrada porque no dejo de pensar que si no consigo el tratamiento tal vez pierda las córneas, tal vez me quede ciega, tal vez no pueda valerme por mí misma.

Aterrada porque no sé cómo conseguir el dinero; aterrada porque no sé de qué voy a vivir.

Tras darle muchas vueltas a las alternativas que tengo para mantenerme y pagar las gotas que necesito, decido prostituirme. Es la única solución viable y rápida que encuentro en ese momento.

Me digo a mí misma que algún día veré la luz al final del túnel, pero la oscuridad y el desasosiego siguen guiando mi vida.

Estoy agotada, enfadada. Creo que lo que me sucede es injusto y lo vivo como un castigo. La no aceptación de la realidad me lleva a una constante lucha con las situaciones que me llegan. Mis funciones psicológicas están tan alteradas que me resulta difícil relacionarme. Me cuesta mantener una conversación, no encuentro las palabras, la información se me escapa, tengo problemas de memoria y de concentración.

Poco a poco, me aíslo de las personas que conozco y del mundo.

Tras varias crisis psicológicas, aparece la idea del suicidio.

Me digo a mí misma que la única manera de acabar con la situación en la que me encuentro es acabando con mi vida. Empiezo a darle vueltas a la idea del suicidio y, con una frialdad absoluta, me planteo diferentes maneras de llevarlo a cabo.

El hecho de planear esta opción me alivia, pero, al mismo tiempo, me doy cuenta de lo lejos que he llegado.

Por primera vez en mucho tiempo, soy consciente del daño que me hago a mí misma, y siento la necesidad profunda de abandonar la actitud de víctima que he representado hasta este punto.

Este sentir verdadero se convierte en un llanto de rendición, en una súplica interna. Le pido a la vida que sea ella la que me guíe, la que me muestre el camino, la que me cuente qué es el sufrimiento y qué es un ser humano. Le pido a la vida que me diga qué tiene que hacer Alicia para vivir la vida de Alicia.

«Ya tendrás tiempo de suicidarte si llega el caso, ¿por qué no te das otra oportunidad?», me dije o me dijo la vida.

2. La curación surge de la quietud

Sucedió el día 11 de agosto a las once de la noche del año 2016. El día había transcurrido con normalidad y, salvo que me notaba un poco despistada y con la cabeza ida, nunca imaginé el giro que estaba a punto de dar mi vida.

Me fui a la cama pronto, como era habitual, y me quedé un rato despierta ojeando un par de libros. Sin ningún aviso previo, de repente, de mis ojos salieron dos rayos de luz blanca cegadora. Al mismo tiempo, noté un extraño calor en mi cabeza y una especie de frenazo ensordecedor dentro de ella.

Los pensamientos se detuvieron y luego desaparecieron por completo. Se abrió un inmenso silencio en mi mente mientras una especie de escalofrío sacudía mi cuerpo.

«¿Me he muerto?», me pregunté.

No tenía ni la más remota idea de lo que me había sucedido. Lo más impresionante era que me sentía en paz, acompañada. No tenía la más mínima preocupación.

En la zona del bajo vientre, por debajo del ombligo, se abrió un espacio del que emanaba un amor absoluto. La sensación de estar unida a todo me atravesó de arriba abajo, un sentimiento que no podía entender y que iba más allá de toda razón y lógica.

Es muy difícil de transmitir con palabras lo que experimenté esa noche.

Mis sentidos se agudizaron, sobre todo la vista. Todo lo que percibían mis ojos aumentó en presencia y en significado.

La habitación y yo nos convertimos en una misma cosa. Los muebles, los libros, la ropa, las fotografías, el reflejo en el espejo, hasta el más mínimo detalle, todo se volvió brillante, deslumbrante.

Era como si me hubiera conectado a una gran fuente de energía de amor. A un corazón en el que todo y todos palpitábamos al unísono. Un corazón que, con cada uno de sus latidos, me transmitía quietud, calidez, armonía, paz, sincronía, compasión, comprensión, unidad.

La inocencia impregnó mi mirada.

El mundo se tornó fresco y nuevo.

Supe que no había nada que buscar, nada que perseguir, ni controlar. Todo estaba en orden, en el lugar que le correspondía. Todo cumplía su función.

La realidad se mostraba de una manera profunda y benevolente.

La vida se manifestaba ante mí con una sencillez y una pureza asombrosas.

El silencio que se había instalado en mí me envolvía con una sonrisa juguetona.

Estaba más despierta que nunca. No, por primera vez, estaba despierta.

Pero ¿cuánto duraría esa percepción? ¿Cuánto tiempo se mantendría esa paz y ese amor en mí?

Deje pasar la noche, la mañana siguiente, el mediodía… No recuerdo qué hice durante esas horas.

A los dos días, las sensaciones y percepciones seguían igual. Yo no sabía qué hacer con todos aquellos cambios que mi cuerpo y mi mente habían experimentado de aquella manera tan repentina e inexplicable para mí. Necesitaba compartir lo que me había sucedido con alguien, así que decidí llamar a Guy, quien, además de ser budista practicante, era un estudioso de las filosofías orientales.

Tras contarle a mi amigo lo que había vivido dos noches atrás, me abrazó, visiblemente impresionado, y me dijo:

–Creo que has despertado.

–¿Qué significa eso? –le pregunté, sin tener ni idea de a qué se refería.

–Has trascendido la mente –me respondió, sin poder contener la emoción.

–Bien, ¿y ahora qué? –No salía de mi estupor–. ¿Qué tengo que hacer?

–Permitir la transformación interna, dejarte guiar por la nueva realidad que se ha abierto en ti.

* * *

Tras ese día, Guy me orientó y acompañó en el tránsito de la mejor manera que pudo. Lo primero que me contó fue que, seguramente, mi cuerpo viviría cambios fisiológicos importantes. No se equivocó.

Al principio, sufrí un insomnio que me mantuvo despierta durante varias semanas. Noches enteras en las que experimenté estados de disolución, y viví sensaciones corporales y emocionales muy contrapuestas. Era como si me desprendiera de una vieja piel que ya no necesitaba, de un viejo yo que ya no servía. El miedo aparecía de repente, pero un estado de armonía me daba la confianza para seguir profundizando más y más en ese despojarme de todo. En el silencio de mi mente, escuchaba el murmullo de cientos de pensamientos subconscientes que emergían con el estertor de la muerte, dando el último suspiro.

Por momentos, tenía la sensación de que mi cuerpo se dividía en dos: de cintura para abajo, en la zona del *hara*, sentía un amor indescriptible y una unión profunda con el todo; de cintura para arriba y hasta el nivel de la garganta, el miedo me atenazaba. El amor limpiaba mi identidad, me liberaba del largo periodo de desorden mental y emocional que había sufrido en mi vida, pero el ego aún presentaba batalla.

Fue un proceso desgarrador y solitario que me llevó, una vez atravesado, hasta un estado de profunda trascendencia.

Un estado de unidad y cooperación en el que se fue desarrollando la expresión de una nueva identidad, íntimamente conectada a una armonía universal que se extendía por todo el cosmos.

Todas las células de mi cuerpo, al conectar con la totalidad y la sabiduría del silencio, experimentaron un gozo y una libertad plena. Fue esta sabiduría silenciosa quien se llevó mis pensamientos y restableció mi salud.

Poco a poco, empecé a vivir una profunda transformación física. Noté cómo la respiración se me desplazaba del pecho al bajo vientre, volviéndose cada vez más calmada y acompasada. El ritmo cardiaco se suavizó y ralentizó. El sueño se volvió más reparador. Mis reflejos se agudizaron. Las imágenes que percibía del exterior eran más nítidas. La espalda se me estiró, jamás había andado tan recta. Las tensiones musculares se relajaron.

Se ancló en mí una sensación sutil de atención consciente.

La mente, libre del pensamiento automático, se focalizó en una perpetua ecuanimidad silenciosa. Una sonrisa interna se instaló en mí, llenándome de una alegría permanente.

El sentido del «Yo» separado de los demás murió, y las estrategias personales desaparecieron con él. A la vez, el vínculo con la unidad, con todas las cosas, tomó presencia.

El miedo que había experimentado durante toda mi vida desapareció como por arte de magia. «¿Adónde habrá ido?», me preguntaba.

Seguía habitando mi cuerpo, pero me experimentaba como parte de un todo del que participaba absolutamente fascinada.

El mayor reto se me planteaba en la vida cotidiana, ya que, por un lado, sentía que todo era digno de ser considerado y, a la vez, no me importaban los resultados de lo que hacía, ni lo que pudiera ocurrir. Me pasaba horas andando por la ciudad de Barcelona viendo a la gente pasar o contemplando el mar o la luna al anochecer. Apenas tenía percepción del tiempo ni del día en el que vivía. No me planteaba lo que iba a comer o dónde iba a dormir, solo existía el presente. Me sabía guiada por una inteligencia que me trascendía, por «algo extraño» y, a la vez, conocido, omnipotente y benévolo.

Estaba entregada a «ese algo», rendida a ello.

En algún momento me planteé dirigirme a un templo budista, pero una voz interna me dijo que no necesitaba ninguna respuesta de afuera. Solo tenía que abrirme a la nueva realidad que se expresaba en mí.

A medida que pasaron los meses, empecé a observar que percibía el campo energético a mi alrededor. Me llegaba información de las personas y de los lugares que visitaba. Una información energética que interactuaba con mi cuerpo físico. Normalmente, sentía la frecuencia de estas energías en el bajo vientre, por debajo del ombligo, y me producían una sensación, en la mayoría de los casos, muy agradable.

Lo viviente y lo no viviente me hablaba. Las personas, los espacios, la naturaleza, los objetos…

Me di cuenta de que todos estamos unidos mediante nuestra vibración energética y, a la vez, nuestras frecuencias están conectadas a un gran campo magnético. La sensación de separación es un delirio. Lo que ocurre en el mundo entero es responsabilidad de todos. Todo lo que habita en el mundo también habita en nosotros, todos los sucesos que ocurren han sido creados por la misma energía compartida. Habitamos una consciencia individual y colectiva, el humano es multidimensional. El vínculo es la base de la existencia. Sin relación no hay nada, sin cooperación no hay vida. Nosotros, como entidad individual no somos nada. Nuestra existencia es el resultado de la interacción de distintas fuerzas que se aunaron para crear. Nuestro viaje es trascender la dimensión de lo «separado» para alcanzar la unidad que somos, sintonizarnos con la inteligencia omnipresente que nos habita.

He vivido experiencias telepáticas que corroboran que no hay separación ni distancia entre las mentes, sino que hay una conexión permanente y real entre ellas.

Me ha costado varios años integrar la nueva visión y estabilizarla con mi personalidad.

Aún hoy, el pensamiento me presenta historias de sufrimiento y me sugiere volver a mi antiguo patrón. El ego quiere volver a tomar protagonismo, pero el observador interno siempre está presente. Cuando esto ocurre, entro en el silencio y la inercia dramática enseguida desaparece. El Ser ha despertado en mí para quedarse, para mostrarme el amor, la compasión y la unidad que hay en el presente.

A veces me gusta jugar con el silencio, me gusta comprobar hasta qué punto puedo funcionar en la vida diaria con la mente vacía de pensamientos. Realizo las tareas de la casa o conduzco sin pensar, y compruebo que soy mucho más eficaz. No necesito organizarme, simplemente termino una cosa y empiezo otra.

La experiencia que he vivido me ha enseñado que cuando reducimos la actividad mental, es decir, el pensamiento automático accionado por creencias inconscientes, la energía de la que disponemos se incrementa. La energía que gastamos en la actividad mental se redistribuye por todo el organismo, afinando la señal energética corporal y haciéndola más receptiva. A la vez, la circulación sanguínea oxigena las capas más profundas del cerebro y despierta zonas del inconsciente que, al liberar la información retenida, facilita estados de atención plena.

Hoy por hoy, mi relación con las otras personas se ha vuelto más libre. La estructura defensiva de mi antigua identidad ha desaparecido. «Lo esencial», «lo primordial» me guía, me mantiene en un estado de amor, de unidad, de comprensión y aceptación.

El despertar que se ha realizado en mí pone de manifiesto el engaño en el que vivimos cuando nos identificamos con los pensamientos, cuando, aferrados al personaje que creemos ser, quedamos atrapados en el mundo y en las formas. Hoy sé que lo verdaderamente importante no son las circunstancias que nos presenta la vida, sino la interpretación que hacemos de ellas. Hoy sé que el mayor síndrome que yo padecía era la desconexión. La separación que sentía de los demás, de mi cuerpo, de mis sentimientos, de la naturaleza… Esta era la verdadera causa de mis dificultades.

La mente es un instrumento magnífico si se usa de una manera consciente y se enfoca en el presente. Libre de proyecciones y del condicionamiento externo, la mente puede llevarnos a lugares internos de reencuentro, optimizando nuestras capacidades más allá de las puramente intelectuales.

El Ser me ha enseñado que no existe el bien y el mal, sino el orden o el desorden. Lo «negativo» no es más que energía de vida atrapada. Tampoco hay una existencia más digna que la otra, medirnos o compararnos resulta absurdo.

Durante mi «transformación», me pregunté algunas veces por qué, *siendo la grandeza que somos*, nos cuesta tanto entregarnos al amor incondicional y a la totalidad. Lo único que se me ocurre es que el universo quiere descubrirse a sí mismo a través de nosotros; por decirlo de alguna manera, nosotros somos parte de una experiencia enorme que se desarrolla dentro de un marco de infinitas posibilidades, dentro de una evolución vinculante e inevitable de la cual participamos con la ignorancia justa y necesaria para que ese proceso tenga lugar en el orden y la magnitud perfectas. Es el despliegue de lo vivo, algo tan hermoso como misterioso.

La iluminación no llega con señales que el pensamiento pueda identificar y tampoco es el final, es el principio de un camino que ya somos.

Desde esa noche en la que desperté a la realidad, la aceptación se ha instalado en mí. El agradecimiento llena mi vida.

Hoy día, aún no se conoce qué fuerzas impulsan a algunas personas a este despertar espontáneo. Yo no había leído ni un libro de autoayuda, ni me había interesado jamás por temas místicos, ni había oído hablar de la iluminación. Sin embargo, la experiencia del despertar se ha realizado en mí. Tal vez la vida trate de decirnos que la puerta para acceder a lo que somos realmente está abierta para todos.

Por otra parte, quizá ha llegado el momento de interiorizar de una manera natural que, por encima de todo, somos seres espirituales unidos unos con otros por hilos invisibles, y que tenemos un potencial ilimitado.

Salir del yo ilusorio en el que vivía ha sido una experiencia liberadora. Cuando entregué mi sufrimiento a la vida, la vida hizo su alquimia y lo transformó en bendición.

La vida escoge aquellas almas que necesitan amplificarse y completarse entrando en el silencio. Estas almas sienten la llamada, y todo se da para que así ocurra, al unísono con la danza del universo.

3. El Pulsar Esencial

La felicidad no existe, solo es un concepto mental; la perfección, una ilusión; el control, una fantasía; el tiempo, una convención. Lo único real es el encuentro con el Pulsar Esencial que da vida a la vida, el Pulsar que nos confirma que no somos esto o aquello, sino que, simplemente, somos.

Este Pulsar Esencial al que me refiero es un movimiento energético que surge del vacío, un latido que se contrae y se expande, una fuerza que impulsa el orden y genera el caos, da forma a las formas, manifiesta el todo.

Nosotros somos uno de los frutos de este Pulsar Esencial. Somos expansión y contracción. Somos energía y materia al mismo tiempo. Somos hijos de la luz y de la tierra. Andamos con un pie en la realidad corporal, en la identidad, y otro en este pulsar infinito y eterno.

Habitamos diferentes dimensiones, aunque no seamos conscientes de ello. Es cuando despiertas al silencio que te das cuenta de que todas ellas pertenecen a la misma existencia. Son existencia.

La intensidad, unión y conexión que experimenté cuando desperté al silencio me mostraron que la felicidad y la plenitud solo existen en la unidad. Es el universo el que es feliz, no nosotros de una manera individual. Solo en un estado de fusión con el «todo» podemos experimentar la verdadera felicidad, la alegría del Ser, la simplicidad del existir.

Más allá de lo aparente, una fuerza trascendental se encarga de organizar y estructurar la realidad. Es una fuerza que se manifiesta a través del orden de la creación. Es la fuerza que nos impele a respirar y la que mueve los planetas, las galaxias y el universo al completo. Es la fuerza de la que se nutre la grandeza, la belleza, el arte y el misterio. La fuerza que nutre nuestro Ser. Es un océano cósmico, poderoso y misterioso, anterior a la luz y a la oscuridad, que se expande a través de nosotros. Una emanación llena de potencialidades que no puede ser explicada; ha de vivirse.

Es con esta fuerza inconmesurable con la que nos enfrentamos cuando discutimos con los hechos, cuando nos rebelamos contra lo que nos sucede en el presente; por tanto, es evidente que tenemos las de perder.

La vida nos presenta situaciones muy dolorosas ante las cuales nuestras mejores intenciones fracasan. En esos momentos sentimos que la gracia, la suerte o Dios nos abandona, y podemos reaccionar con mucho enfado, rabia, evasión o negación de la realidad.

Sin embargo, en estos momentos tan difíciles, si en lugar de perdernos en el pensamiento y juzgar, pelear, quejarnos o maldecir, nos entregamos, esta fuerza inteligente tomará el mando y nos guiará *más allá del condicionamiento mental hasta la paz verdadera.*

Todo suceso doloroso representa una oportunidad para liberarnos, porque lo único que nos mantiene en la cárcel del sufrimiento es el pensamiento.

El sufrimiento es un patrón de memorias instaladas en el cuerpo que recibimos de generaciones anteriores y de nuestro ambiente familiar y social. Si queremos que el sufrimiento termine, primero tenemos que reconocerlo y acogerlo, quedarnos con él, sentirlo, vivirlo.

El victimismo y el idealismo no son el camino, de su mano nunca podremos resolver los problemas de manera verdadera. Aceptar que la realidad, en sí misma, cumple una función, por mucho que no podamos comprenderla, es el primer paso. La vida jamás se equivoca.

La vida va mucho más allá del «bien» y el «mal». En muchos casos, querer ser buenas personas nos encierra en unas creencias que se basan en el miedo, el castigo y el sacrificio. Observar y afirmar que un tipo de comportamiento es bueno o malo nos puede parecer, de manera objetiva, evidente. Sin embargo, si profundizamos en nuestro juicio, nos daremos cuenta de que aparece una falsedad estructural, una ilusión, un deseo de añadirle o quitarle algo a la existencia para poder ser «nosotros» mismos.

Esta división que hacemos entre lo bueno y lo malo no nos deja ver la profundidad con la que la vida se expresa en nosotros, nos impide abrazar cada suceso que nos llega y que tiene como único objetivo enseñarnos a liberarnos del ego.

La mirada desde el ego siempre crea dualidad, siempre juzga, porque quiere que lo que pasa se ajuste a sus creencias. Esto me conviene, me va bien o no me va bien. El ego es inconsciencia, a más inconsciencia más dolor tengo y más dolor comparto con el mundo.

Lo que entendemos por «el mal» tiene la función de hacernos despertar.

El terrorista, el asesino, el violador, el traficante… Por imperdonables que nos parezcan sus actos, la realidad es que estas personas sacan a la luz una energía inconsciente que hemos creado entre todos y que, a través de ellos, se pone de manifiesto para que podamos verla y ser conscientes de ella.

La única manera de cambiar estos comportamientos es integrándolos y aceptándolos con amor incondicional. Cuando los rechazamos, lo único que conseguimos es perpetuar estas energías. La solución es que nos convirtamos en el espacio vacío que somos, capaz de acoger sin separar. Los pensamientos intoxican la mente con la idea de la dualidad. Bien y mal solo son etiquetas, juicios que viven en el pensamiento y en ningún otro lugar.

Somos vacío.

Somos absoluto.

Una persona enferma, con el cuerpo destrozado, alguien a punto de ser ejecutado, alguien sumergido en el dolor de la guerra, cualquiera de ellos puede vivir la urgencia de un despertar espontáneo. El sufrimiento y el dolor intensos, de la misma manera que la bondad y la rendición, pueden mostrarnos nuestro rostro original, el silencio que somos.

Creemos que deshaciéndonos del «mal» y persiguiendo el «bien» conseguiremos una vida mejor, pero en realidad la semilla de la liberación está contenida en cada gesto de la existencia. Los grandes desafíos suelen ayudarnos a salir de la inconsciencia.

El universo no nos pide que seamos «buenas» o «malas» personas, solo nos empuja a que aprendamos a diferenciar entre la ilusión y la realidad. El sentido de la existencia no lo encontraremos en nuestras creencias. La consciencia nos ofrece una vasta inteligencia en el instante presente para que salgamos de la ilusión mental.

Siempre que queremos corregir algo, nos separamos de la Totalidad. No necesitamos mejorar nada, solo dejarnos conducir por la existencia y abrirnos al Ser.

Estar desconectados del Ser nos aboca a la desolación.

Nos hemos escindido de la sabiduría que somos, por eso necesitamos doctrinas que nos marquen parámetros de creencias y moral. La ética y la moral surgen de un intento por controlar lo que sucede.

En lugar de rendirnos a la vida, batallamos con ella. En lugar de tener la humildad de entregarnos a la situación que la vida nos plantea en el presente, la juzgamos, la rechazamos o nos rebelamos contra ella.

Abrámonos a lo absoluto.

Comprender la vida más allá del pensamiento significa aceptar todo lo incluido en el instante presente. No juzgar ni interpretar nada de lo que sucede.

Cuando tienes una experiencia del despertar, aparece una realidad que antes no percibías, pero que siempre estuvo ahí; como si en mitad de la noche apareciera una luz.

El ego no soporta la realidad, su permanencia se basa en una ilusión muy bien orquestada que mantiene a la persona en un profundo sueño.

* * *

El sufrimiento aparece cuando la ilusión toca el umbral de la realidad. Entonces el ego/persona entra en pánico porque cree que no podrá soportar la verdad.

La zona de seguridad está disociada del instante presente, el único lugar donde ocurre la vida.

La sociedad, que no deja de ser un reflejo de la persona,

no quiere verdad, quiere seguridad. El bien y el mal nos dan una falsa sensación de seguridad, pero no nos proporcionan verdad. Por eso hemos llegado al extremo de que la verdad se califica de locura y la locura de normalidad.

El despertar elimina los autoengaños.

Cuando estás conectado con la esencia, percibes el mundo como una gran mentira y, a la vez, sientes el anhelo del ser humano de salir de esa ilusión y contactar con la verdad.

La vida es absolutamente imprevisible; si nos aferramos al pensamiento de que las cosas deberían ser de una manera diferente a la que la realidad nos propone, lo único que hacemos es agravar la situación y generar negatividad. Una negatividad que nos intoxica a nosotros y al mundo, y a la que nos volvemos adictos.

No generar negatividad y no alimentarla es el mayor desafío.

La raíz de la negatividad siempre proviene de la no aceptación del presente, de la falta de conexión consciente con nosotros mismos y con el ahora.

La idea «soy mis pensamientos» distorsiona todas nuestras percepciones. La consciencia llega cuando nos abrimos a la realidad tal y como es, sin huir de lo que soy, ni pretender ser quien no soy, o limitando mis acciones a un medio para conseguir un fin. La vida, macro, vasta e infinita, es la maestra. Nuestras vidas individuales, micro, solo están a su servicio.

Muchas personas dicen que quieren sanar su sufrimiento, pero no están dispuestas a soltar ni cambiar nada; es decir, solo tienen la ilusión mental de sanar, un hechizo más del ego.

Yo misma pasé años diciéndome que quería mejorar mis dificultades físicas y emocionales, pero entregar mi sufrimiento a la vida era dejar de sentirme especial, y eso me daba mucho miedo. No estaba dispuesta a renunciar a mi personaje de mujer enferma; esa era mi verdad. Soltar el control narcisista era soltar mi adicción a sufrir, era soltar la idea de que era yo, por decisión propia, quien enfermaba o sanaba, era luchar con la vida y querer tener razón. El sufrimiento se había convertido en un refugio, era mi identidad, soltarlo suponía un salto al vacío. Yo era quien había enfermado y yo era quien me exigía sanar. Darme cuenta de mi prepotencia y rendirme a la vida fue el primer paso hacia la curación.

Dejar de luchar contra uno mismo significa la muerte del ego.

Al rendirnos a la vida, nuestra enfermedad puede remitir o no, pero nuestro sufrimiento desaparece porque ya no hay «nadie» que lo sostenga. En cambio, si lo rechazamos, el sufrimiento no dejará de reclamar nuestra atención, haciéndose más y más grande. El sufrimiento necesita nuestro abrazo y nuestra aceptación para regresar a la unidad que es amor. Suframos con el sufrimiento, sin oponernos a él, dejemos que se libere a sí mismo.

Cuando aceptamos, nos abrimos a la infinita bondad de la existencia. Al dejar de exigir que los demás o la vida sean de una manera determinada, surge el conocimiento eterno. Un conocimiento que va acompañado de la sensación de estar conducidos por «algo» inexplicable y a la vez profundamente familiar que trasciende la separación y nos aquieta.

La aceptación y la Atención Consciente son dos herramientas muy poderosas.

La Atención Consciente es sumamente sabia y poderosa, a través de ella podemos acceder a la comprensión que habita en nuestro interior.

La Atención Consciente nos permite observar la inercia condicionada de rechazo a la vida que tenemos en nosotros. Es decir, la inercia de rebelarnos, juzgar, quejarnos, evadirnos de todo aquello que la vida nos propone. Si tenemos la valentía de sumergirnos en esta inercia de rechazo de la mano de la Atención Consciente, observaremos cómo, gradualmente, nuestra oposición se convierte en luz de consciencia.

Alguien que ha accedido al silencio sabe que en el sufrimiento nunca hay nada personal, ponerle un nombre o buscarle una explicación a lo que nos sucede es perpetuarlo. El vacío silencioso es el único que no nos engaña.

Desde mi punto de vista, que las cosas no sucedan como queremos es lo mejor que nos puede pasar.

La consciencia lleva a cabo ajustes mediante el orden y el desorden, y a través de este movimiento constante, la existencia se actualiza y se nivela con el vacío universal.

Hay quien piensa que para iluminarse necesita mantener un cuerpo sano, vibrar alto o seguir ciertos ritos que acumulen créditos para lograrlo y, aunque todo ello tiene un lugar en el mundo y es deseable, no es garantía de nada.

Sean cuantos sean y como sean los errores que cometamos, no los llevemos al terreno personal, utilicémoslos para descubrirnos en ellos.

La exaltación, el odio y la violencia son expresiones del miedo que están inscritas en la historia de la humanidad, en la memoria universal y, por tanto, en cada uno de nosotros. Aunque nuestro viaje sea trascenderlas, no dejan de estar unidas a la Totalidad. Hasta el suceso más terrible está unido a la Totalidad y ha sido aceptado por la conciencia, de otra forma no se manifestaría.

Lo terrible está aquí como camino a lo esencial.

No nos resistamos ni rechacemos la desgracia ni la muerte, sino que intentemos descubrir qué esconden y qué tienen para nosotros. Solo si abandonamos el rechazo a lo «malo», acabaremos con la separación y lograremos la paz interior. Solo la paz interior puede traer la paz al mundo. La paz es unidad, y la unidad, amor incondicional. Un amor capaz de abrazarlo todo, incluso el horror.

La separación que generan el «bien» y el «mal» son el combustible que genera la guerra y la enfermedad social.

Sé que mis palabras pueden herir a muchas personas que estén pasando por un tránsito duro a nivel físico, emocional, mental o circunstancial; seguramente, si yo las hubiera leído tiempo atrás, me hubiera enfadado mucho con la persona que las ha escrito. En estos momentos solo puedo decir que para sanar necesitamos renunciar a todo lo que sabemos y abrirnos a la ignorancia y a la aceptación.

Mi única intención es dejar claro que, lo sepamos o no, todos deseamos despertar a la conciencia y salir de la cárcel de la identidad. Tal vez nuestro pensamiento no lo quiera, pero nuestro verdadero Ser, sí.

El problema es que, en lugar de entregar nuestro poder a esta fuerza inconmensurable que nos anima, se lo damos a nuestros pensamientos, y ellos no saben nada de nada de la realidad. Nuestros pensamientos se alimentan de creencias y patrones inconscientes orientados a la supervivencia, y el mensaje que nos repiten es que la vida no es un lugar seguro; un mensaje primitivo. La esencia del «Ser» humano es infinitamente más inteligente que el pensamiento.

Cuando renunciamos a la necesidad de comprenderlo todo, aparece en nosotros un saber esencial que nos hace evidente que no sabemos nada, pero, al mismo tiempo, de esa nada emerge una verdad sagrada inexplicable, una verdad absoluta que no puede explicarse, solo puede ser experimentada. El reto está en descubrir la maravilla detrás del velo de los pensamientos. Entrar en esta comprensión significa admitir nuestra ignorancia, y tener la capacidad de rendirnos de manera verdadera ante lo que sucede instante a instante.

La vida la pensamos, la explicamos, la analizamos, pero no la vivimos con consciencia. Hablamos sin escuchar, comemos sin saborear, tocamos sin sentir, miramos sin ver…

Nos hemos desarraigado de nosotros mismos, de los demás y de la naturaleza que nos rodea. Hemos convertido el vivir en un catálogo de conceptos enrevesados donde la sencillez de nuestra verdadera naturaleza se pierde y el ego, en cambio, campa a sus anchas.

Hemos perdido el contacto con la sutilidad de la energía corporal, nos hemos desconectado de la información de nuestro campo energético, de la vitalidad que poseemos y de la gran sabiduría que se esconde en el «no saber». Hemos olvidado la maravilla que somos.

Es vital que descubramos nuestra esencia; es la única manera de salir de la insatisfacción en la que vivimos. Solo cuando experimentemos que toda expresión de la existencia late en nosotros, conoceremos la unidad, el amor incondicional y la felicidad universal.

Somos vida, y la vida que somos sirve a toda la creación. La vida no juzga nada ni a nadie. Las experiencias que nos llegan cumplen el objetivo de hacernos más conscientes, de despertarnos, de abrirnos a una comprensión que va más allá del pensamiento.

La realidad está aquí para mostrarnos que somos paz, silencio, amor, bondad, unidad. Solo si entramos en lo desconocido, en este «no saber», lograremos resonar con nuestra paz y con la paz universal. No hay nada más natural en nosotros que la capacidad de vibrar, conscientemente, con toda la creación.

Más allá del condicionamiento mental, existe una realidad que permite una vida libre de dogmas.

Ver el mundo sin quererlo explicar ni interpretar es una experiencia muy hermosa.

Cuando alguien vive desde su esencia, se libera de sí mismo y de toda la humanidad.

Una mente que solo piensa cuando lo necesita es una mente libre de condicionamientos que puede verse a sí misma con claridad. Una mente libre no pretende controlar nada ni a nadie, y nada ni nadie puede controlarla. Siempre que pretendemos controlar, sea lo que sea o a quien sea, quedamos subyugados por la ilusión de dominación.

Hemos nacido para ser libres.

Alcanzar la libertad significa soltar todas las guerras internas y experimentar la esencia de lo que somos aquí y ahora.

Somos lo que buscamos, jamás podemos perder lo que somos.

Cuanto más vacíos estemos de conceptos, ideas, estrategias y expectativas, mayor dicha y libertad experimentaremos. Interpretar cada cosa que nos pasa, imponer el mundo conceptual a la vida, nunca funciona. Dejemos que la vida haga su trabajo, dejemos que sea ella la que resuelva y pongámonos a su servicio.

Dejemos de destruirnos y empecemos a descubrirnos.

La esencia del ser humano es un inmenso vacío desprovisto de contenido. La identificación con el «yo soy esto» o «yo soy aquello» crea una ilusión que nos impide tocar este vacío donde se experimenta la creatividad, la quietud, el amor incondicional, la Atención Consciente, la felicidad universal, el silencio… Este vacío incluye todos los estados y las dimensiones de la existencia.

La vida es vasta y profunda.

En mi caso, lo que puedo decir después de haber despertado al silencio es que me experimento unida al todo. Lo que me llega lo percibo como un reflejo de una totalidad inseparable de lo manifestado, donde todo ocurre en unidad y en el presente. El silencio sirve con humildad a la creación, no juzga ni rechaza nada, y cada mañana se descubre renaciendo de nuevo.

Siento que la consciencia nos quiere más despiertos, y que la hegemonía del pensamiento ha llegado a su fin. La mayoría de las estructuras que hemos creado para organizarnos como sociedad: política, economía, cultura, ciencia, etc., se sostiene sobre el pensamiento condicionado. Creo que la evolución, tanto a nivel individual como social, pasa por salir de la ilusión mental en la que vivimos. Es decir, dejar de identificarnos con una profesión, una familia, una bandera, un territorio, un idioma, una ideología, una religión, una dificultad física o psicológica, una condición sexual, unas posesiones.

Dejaremos de buscarnos en el ego, en él jamás nos encontraremos.

Aunque nos parezca aterrador, lo cierto es que no tenemos una vida, ni un cuerpo, ni una pareja, ni unos hijos, ni un territorio, ni un planeta, ni una galaxia, ni absolutamente nada. No poseemos nada, solo lo disfrutamos o lo padecemos, según cómo lo interpretemos, durante un tiempo. Creer que algo es nuestro solo es un concepto, una idea «violenta».

Asocio la «posesión» a la «violencia» porque, siempre que pensamos que algo o alguien nos pertenece, dentro de nosotros se genera apego y necesidad de controlar, manipular o defender «esa propiedad» de los demás. Se genera separación, y la separación genera violencia.

La idea de la separación solo vive en nuestro pensamiento.

El ser humano ya lo ha pensado todo.

El pensamiento ha empezado a agonizar. Tal vez sea un

adiós lento, pero se llevará por delante conceptos, ideas y creencias, y su muerte nos traerá una gran trasformación. Hemos completado un ciclo, pero nuestra gestación en el vientre cósmico sigue su curso.

El cambio es inevitable.

Se me hace muy difícil expresar la visión que tengo, pero creo que nos estamos abriendo a un espacio de consciencia, tanto a nivel individual como colectivo, que nos llevará a sintonizar con la vida de una manera más esencial. Es un despliegue evolutivo que también involucra al planeta Tierra y que puede desencadenar multitud de reacciones a nivel global.

Esta transformación no nos conduce hacia nuevas ideas, teorías sofisticadas, discusiones intelectuales o creencias revolucionarias, nos dirige hacia el silencio, la quietud y el descubrimiento del alma cósmica que anima nuestro cuerpo con el eco de la eternidad.

La verdad la conformamos entre todos, y nunca hay un punto de llegada definitivo. La verdad la alcanzamos cuando nos convertimos en verdad y, una vez que nos transmutamos en ella, ya no nos importa.

Todos los seres humanos formamos parte de una única existencia, dentro de la que pulsan millones de expresiones creativas. Andamos en un viaje sincrónico de descubrimiento en el que hay lugar para lo individual y para lo colectivo, para el orden y el desorden, para lo que vemos y lo que se nos escapa, para lo que comprendemos y para el misterio.

El gran reto es aceptarnos, porque esa rendición implica acoger todo lo que la vida nos presenta, con sus grandezas y miserias. Aceptarnos significa aceptar toda la evolución humana, porque esta evolución está escrita en cada uno de nosotros, y cada uno de nosotros representamos una parte de esa evolución.

Cada instante que experimentamos es vida naciendo y muriendo.

La muerte se libera a sí misma cuando se da cuenta de que su existencia es una ilusión. Limitar la vida a un cuerpo es dar la espalda a la eternidad. La muerte significa regresar a la fuente. Acoger la muerte sin el peso de la identidad, es dar paso a la vida en todo su esplendor.

Ahí donde está nuestro miedo a la muerte está nuestra liberación.

Cuanto mayor es nuestro miedo a la muerte, más peligrosos nos volvemos con nosotros mismos y con los demás.

La experiencia más elevada de la existencia es regresar a ella al entregarnos a la muerte.

No caigamos en la arrogancia de pedir ningún tipo de reconocimiento personal, sirvamos a la existencia con la mayor entrega y humildad. Hagámonos amigos de nuestra realidad, por dura que sea. No hay mayor acto de amor hacia el universo que rendirse a lo que la vida nos trae en el presente.

4. La Sanación Silenciosa

Creo que cada ser que despierta encuentra sus palabras, sus metáforas, su presencia o, simplemente, su no hacer nada, para contagiar silencio a su alrededor.

El campo energético es el ámbito en el que estoy más implicada. Lo vivido durante el despertar me ha llevado a experimentar con las frecuencias sanadoras existentes en el silencio, y a descubrir el enorme potencial que tiene el ser humano.

A los pocos meses de mi experiencia del despertar, se dieron una serie de circunstancias con personas cercanas que me mostraron el camino. Un camino que la vida ha bautizado: la Sanación Silenciosa.

A través de la Sanación Silenciosa, acompaño a las personas al vacío de la creación, a un espacio de «no saber», un lugar donde no existe el juicio ni el condicionamiento, un «aquí y ahora» donde el olvido del sí mismo abre la puerta a la Totalidad.

El protocolo es muy simple, entro en un estado de vacío, sin expectativas, y me dispongo para el grupo o para el ser humano que va a recibir la Sanación.

Cuando entrego la Sanación Silenciosa de manera presencial, lo primero que hago son unas respiraciones muy profundas. A continuación, le pido a la persona que está frente a mí, o tumbada en una camilla, que también respire profundamente y que intente poner a un lado su identidad; que se olvide de que tiene una familia, una profesión, una dolencia, una necesidad… Le pido que salga del tiempo mental y se abra al instante presente. Le recuerdo que en el instante presente nunca hay problemas.

En la mayoría de los casos, cuando las personas oyen «que en el instante presente nunca hay problemas», no pueden evitar comentarios del tipo: «Bueno, yo ahora estoy pasando por un momento muy duro, he perdido el trabajo, o no tengo dinero, o estoy enferma o enfermo…».

Por regla general, cuando un suceso desagradable nos sorprende, siempre hacemos algún tipo de juicio. Es decir, le buscamos una razón, una explicación o un culpable. Al construir un relato alrededor de la situación, provocamos que la situación se fije en nosotros y, como consecuencia, nosotros quedamos atrapados en ella.

«Hoy me duele el pie». Muy bien, ¿puedes no interpretar por qué te duele? ¿Puedes vivir este dolor en el instante presente? ¿Puedes vivirlo sin etiquetarlo, sin interpretarlo, sin hacer un relato mental?

«Tengo cáncer». Muy bien, esta enfermedad te ha cambiado la vida, de acuerdo, pero ahora, aquí, estás bien.

Es muy importante darnos cuenta de que estar en el presente nos cura. No anticipar lo que nos pasará mañana, ni recordar lo que nos pasó ayer o el año pasado, es esencial para abrirnos a la posibilidad de curación.

Una vez que la persona se dispone a recibir la Sanación Silenciosa, pongo mi mano derecha en su pecho y la izquierda por debajo de su ombligo, en el *hara*, y entro en el vacío.

A partir de ahí, la Aliciah persona desaparece y la vida toma el mando. Es una rendición absoluta al instante presente y, en ese vacío que se abre, «pasan cosas».

Cada persona responde de manera diferente.

Cuando permitimos que la vida tome el mando, el orden que nos anima actúa. El Pulsar Esencial se manifiesta. La inteligencia profunda que nos trasciende ordena. Aparece la magia, el misterio de la existencia.

Mis manos vehiculan la energía, se mueven, y yo las dejo hacer, me dejo llevar. A veces toco el cuerpo, a veces solo es movimiento en el espacio.

En los casos en que entrego la Sanación Silenciosa a distancia, primero hablo con la persona, me gusta verle la cara, sintonizar con ella. Luego entro en una meditación profunda, en un estado de silencio, de vacío, en el que voy cayendo cada vez más profundo, como si me sumergiera en un océano.

La persona se une a la meditación desde su casa, media

hora más tarde que yo. Algunas lo hacen tumbadas en la cama, otras sentadas. Noto su entrada porque mi campo energético se modifica.

Durante los primeros minutos me dejo tomar por la persona, me convierto en vacío para ella.

Entonces, en la mayoría de las sesiones, aparece el «avatar» de esa persona y mis manos se mueven solas. A veces el avatar me habla, me entrega mensajes, otras veces se crea un escenario por el que veo moverse a la persona o no, siempre es diferente.

Cuando la energía de la persona se presenta sin contenido, es porque hay un orden muy significativo en ella.

Cada persona reacciona de una manera determinada, tiene su viaje y su propia experiencia. Hay personas que no experimentan nada significativo, que su paso por la Sanación Silenciosa, en apariencia, no produce ningún cambio en ellas. Está muy bien, esa es su experiencia y no otra.

La Sanación Silenciosa es una oportunidad para tocar el silencio, pero no una garantía. Todo es perfecto.

Estar absolutamente disponible para otro ser humano, mantener ese estado de vacío, sin expectativa, anulando la separación entre el «tú» y el «yo» y aunándonos con la plenitud de la vida, hace que el presente se convierta en un espacio neutro en el que todo acontecimiento es posible.

Podríamos decir que mi papel es desplazar el ego y, al

hacerlo, facilito que la persona toque el Pulsar Esencial, toque el orden que la mantiene con vida.

Desplazar el ego significa salir de la historia personal, del condicionamiento, de la crítica, de la mente, y dejar que la vida sea la maestra.

No hago nada, simplemente me convierto en presencia.

En realidad, cada persona se cura a sí misma y, cada una de ellas, me sana a mí.

La Sanación Silenciosa pone una semilla de quietud en cada ser humano que se abre a ella, y le muestra la completitud que es y que siempre ha sido. Le muestra que la sanación surge de la quietud.

En ese espacio de unión con la Totalidad, la persona siente, consciente o inconscientemente, que su naturaleza primordial nunca se ve afectada por circunstancia alguna; se da cuenta de que su condición, su situación o su enfermedad deja de ser relevante. Lo único estimable es el encuentro con su esencia.

Acercarnos a la Sanación Silenciosa con expectativas no es el camino. Pedir nunca es el enfoque correcto, porque eso implica carencia. Ya somos lo que buscamos, el silencio, simplemente, nos lo muestra.

Cuando nuestro bienestar se ve comprometido por el estrés, el cuerpo sufre un desalineamiento energético, un desorden que solicita orden.

El estrés, que en muchas ocasiones degenera en una enfermedad más grave, aparece porque nos proyectamos al pasado o al futuro para escapar del instante presente: «No quiero estar donde estoy; no me gusta lo que sucede; no quiero encontrarme conmigo mismo; no quiero tocar la existencia».

El estrés es una disfunción del estilo de vida que llevamos. Nos ayudará centrarnos y poner la atención en el inhalar y el exhalar. Respirar el estrés y dejar que aparezca el orden de la existencia y se vaya la inercia condicionada.

La vida es incierta y no nos queda más remedio que acompañar esta incertidumbre que, en última instancia, esconde el miedo último: el miedo a la muerte.

El ego, a través de los pensamientos, nos evade del presente con la excusa de que estaremos mejor en un futuro, o recordándonos lo bien que estuvimos en el pasado, creando en nosotros un sentimiento de falsa seguridad.

Entrar en el instante presente es la solución; terminar una cosa y empezar otra, no huir de lo que es.

La Sanación Silenciosa es un proceso que trasciende el pensamiento y moviliza unos recursos energéticos existentes en la persona, que son capaces de restablecer el orden natural del cuerpo y de la mente.

A través de la Sanación Silenciosa podemos escuchar el silencio, mirarnos sin tiempo, experimentar la unidad, regresar al Ser.

Testimonios de la Sanación Silenciosa

La Sanación Silenciosa ha significado un punto y aparte en mi vida. En mis quince años de práctica meditativa, jamás había alcanzado semejante profundidad; una profundidad que me acompaña, no solo cuando estoy en la sesión, sino en mi día a día, aun meses después de haber acabado el proceso.

El proceso de la Sanación Silenciosa me ha ayudado a conectar con el silencio a un nivel profundo.

RAÚL MORALES L.

El proceso de la Sanación Silenciosa ha sido una de las experiencias más maravillosas que he vivido últimamente.

En sus sesiones-meditaciones, Aliciah te acompaña o, mejor dicho, «te lleva» a un lugar tan profundo con tanta paz, quietud y silencio que cuando termina la sesión te parece que regresas de algún lugar lejano, pero, poco a poco, sesión a sesión, te das cuenta de que no vas a ninguna parte, al contrario, te das cuenta de que por primera vez has estado en ti.

En mi caso, la Sanación Silenciosa aparece en un momento en el que tengo que tomar decisiones y hacer cambios importantes en mi vida. Después de revisar el pasado una y otra vez, y «obsesionarme» con el futuro, he aprendido a dejar que las cosas sucedan. Pueden ser buenas o no tan buenas, pero, sean las que sean, las intento vivir como vienen.

No sé, es difícil de explicar...

Xavi Crosas N.

Desde el escepticismo más absoluto, para «complacer» a una muy buena amiga, me puse en manos de la Sanación Silenciosa un lunes al mediodía, en ayunas y pensando en mis cosas. No me gustan los masajes ni que me toquen desconocidos. Confiaba en que «lo que fuera que iba hacerme Aliciah» sería leve, rápido e inocuo; incluso esperaba hacer una buena siesta. A pesar de estos inicios tan poco prometedores, debo confesar que mi experiencia ha sido muy buena y, realmente, se han producido cambios profundos en mi forma de ver el mundo y de leerme a mí mismo. No solo siento más consuelo y orden dentro de mí, también estoy mucho más focalizado y decidido en temas personales y profesionales.

Aliciah, con su lenguaje claro y sin dogmatismos, convertía las conversaciones pre y postsesión en una delicia que esperaba casi tanto como la sesión en sí misma.

No puedo decir otra cosa más que: gracias, Aliciah, y hasta la próxima.

J.M. Vidal C.

Encontrar la Sanación Silenciosa me ha ayudado a conectar con una parte de mí a la que no había podido llegar solo, un lugar del que nace una fuerza que me ayuda a mantenerme focalizado y seguir adelante con mi vida. La Sanación Silenciosa me ha acompañado hasta un silencio que está dentro de mí, desde el que he aprendido a escucharme y a escuchar al otro.

Sergi Doll H.

Conexión, sanación y rendición. Esas tres palabras y en ese orden pueden explicar mi experiencia con la Sanación Silenciosa. Tengo la sensación de que las primeras dos sesiones abrieron la conexión con el vacío al que me llevaba Aliciah. Las cuatro siguientes sentí que en mí se daba una sanación energética difícil de explicar. En las dos últimas me rendí; sentí un deseo profundo de entrega a la vida. Gracias, gracias y gracias.

Antonio Lozano Domènech

La Sanación Silenciosa me ha ayudado a relentizar los pensamientos, a bloquear al periodista que tengo en la cabeza y que no paraba de preguntarme y de retransmitir todo el día. Las sesiones de la Sanación Silenciosa me han dado más sosiego, paz y tranquilidad. Ahora puedo encontrar momentos de silencio que aligeran mi carga mental.

Gracias, Aliciah, por las sesiones y tus enseñanzas maravillosas.

CHUS ISLA G.

Si he de testimoniar la experiencia que resulta –en mi caso– del contacto silencioso con la Sanación Silenciosa, la palabra que una y otra vez quiere expresarse es: Verdad. Verdad es lo que vivo, es lo que vibro, es lo que se manifiesta en su presencia, es lo que sé que Es; es lo que surge de este encuentro que está más allá del espacio físico. Esta Verdad me conmueve, me despierta devoción, amor y gozo, que surgen como chispas en un instante y se diluyen. Es el reconocimiento silencioso, interior y profundo de Lo Que Es, que va y viene en un vaivén atemporal. Me gustaría referirme también a la mirada. Estar frente Aliciah, mejor dicho, en la presencia vacía de su mirada que te observa desde el infinito, sin juicio, y te desnuda, te reconoce… Es una bendición.

CRISTINA ESCRIGAS P.C.

La Sanación Silenciosa ha aparecido en mi vida en el momento en que más necesitaba conectar conmigo misma, con mi esencia. Ha sido un regalo porque me ha llevado a sentir la paz que había anhelado durante años. Ahora que he tocado esta paz, me he dado cuenta de que antes tenía una idea de paz, y ahora la habito.

En estos momentos conecto con los demás desde un lugar más auténtico. Me veo. Me observo. Me doy cuenta de cómo reacciono ante una situación que no me gusta, y esa observación me permite soltar, no entrar en la lucha, confiar, dejar que la vida se manifieste.

Gracias, Aliciah, por abrirme al Silencio, un lugar que ahora sé que se puede habitar.

Susana López Ribera

Los testimonios, cuando hablan de la paz, la profundidad, la quietud, la fuerza, la rendición, la verdad, el silencio, el consuelo, el orden, el foco, etc., que les ha proporcinado la Sanación Silenciosa, en realidad se refieren a que, por un instante, tocaron su esencia.

Cuando tocamos la esencia de lo que somos, nos damos cuenta de que no estamos fragmentados, sino que formamos parte del Pulsar Esencial, del movimiento que surge de la

Conciencia Pura y que se expresa a través de cada uno de nosotros. Vinculados desde este lugar esencial, en colaboración, abiertos a la vida, permitimos que las posibilidades y el potencial que tenemos dentro se revele.

Tenemos tanto por descubrir, por ofrecer…

Si nos abrimos a la esencia que somos, se manifestará el profundo amor que permite la verdadera transformación interna.

Mi única función es hacer de canal; acompañar a las personas que así lo sientan hasta «la Sanación Silenciosa» con la confianza en el presente y en lo que la vida tenga a bien entregarnos. Acompañarlas para que se abran a la oportunidad de conectar con su verdadera naturaleza y sanen la ilusión que las enferma: el ego.

Agradezco profundamente la confianza de todas aquellas personas que se han entregado y se entregan a la Sanación Silenciosa, ya que es a través de ellas que este bello y misterioso proceso sigue expandiendose y descubriéndose a sí mismo.

5. Solo la vida tiene propósito

No tengo propósito más allá de rendirme a lo que la vida me propone en el presente. Supongo que tener un propósito implica el desarrollo de algo personal y creo que eso ya no existe para mí. Vivo entregada a la unidad. Investigo qué es ser un ser humano y cómo contribuir al despertar.

Los tropiezos me ayudan a conocerme más; el dolor, a rendirme a la vida. Experimenté y me colmé de sufrimiento hasta trascenderlo. Hoy por hoy no puedo decir nada del sufrimiento.

En lo cotidiano, las acciones se suceden sin que tenga que pensar en ellas: me levanto, me preparo el desayuno, me ducho… Mi cuerpo va solo. La mente organizativa aparece cuando tengo que planificar mi día o ponerme de acuerdo con otras personas para realizar algún acto en común.

Sé que mis palabras surgen del silencio y vuelven al silencio.

En lo profundo, aunque no seamos conscientes de ello, todos buscamos salir de la cárcel del pensamiento, liberarnos del egoísmo de «lo personal» y entregarnos al propósito de la existencia.

Es evidente que en lo superficial cada persona tine una función en la vida, hay un lugar para los propósitos del mundo. Cada uno de nosotros tiene unos dones y unos talentos que ha venido a compartir, pero otorgarnos el mérito de los resultados es alimentar el ego, es perderse en la ilusión.

En lo profundo, todos compartimos el mismo propósito: «Despertar», y las situaciones que la vida nos presenta cumplen esta función.

Es importante que no perdamos de vista el propósito último de la vida, y nos entreguemos a los acontecimientos que se nos presentan en el presente como si los hubiéramos escogido. Es importante que no olvidemos que, en lo profundo, nunca pasa nada.

En «lo personal» nunca encontraremos el paraíso que buscamos. La única manera de entrar en el paraíso es rindiéndonos a la realidad, y la realidad no es sinónimo de felicidad, sino de verdad.

La realidad no es buena ni mala, es lo que es.

La realidad cumple un fin último, que es llevarnos a experimentar el gozo de la existencia.

Lo que percibo desde la Conciencia Pura es que el «pulsar» del universo es juego y simplicidad. Me entrego a este juego y a esta simplicidad por completo.

Estar conmigo misma es suficiente, no necesito nada más. No siento soledad.

Estoy en paz y vivo en el instante presente lo que la vida me trae.

Lo extraño, lo diferente o el cambio han dejado de ser una amenaza para mí.

La muerte la espero como un momento de máxima liberación, no tengo prisa en alcanzarla, pero cuando llegue, me entregaré sin el peso de la identidad.

Siento que la vida, sin tocarla y sin esperar nada de ella, es más completa y mucho más apasionante.

Vivo enamorada del vacío y la simplicidad. Todo me parece fascinante, hasta el miedo. Un miedo que, cuando llega, trato de sentir y de investigar.

Siento que nada me pertenece, y eso supone un gran desahogo.

6. No sé nada

El día que le propuse a Aliciah finalizar el libro con una entrevista, me respondió contundente: «Pero ¡si yo no sé nada!». Su respuesta me pareció magnífica como título de este capítulo.

Le he preguntado a Aliciah todo aquello que muchos de nosotros nos cuestionamos, y que solo aquellos que han «visto» la realidad con los ojos del Silencio pueden respondernos de corazón a corazón; sin la intención de aleccionarnos o convencernos.

Las palabras de Aliciah son como el fondo del océano: nadie conoce el alcance de su profundidad. Espero que podáis sumergiros en este fondo oceánico, dejaros caer en él hasta que los conceptos y las ideas desaparezcan, hasta que la quietud os hable.

* * *

Aliciah, tenemos la idea de que alguien que «despierta» es una persona sabia que conoce los misterios de la vida; entonces, cuando tú dices que no sabes nada, ¿a qué te refieres?

El lugar más sublime que puede habitar un ser humano es el «no sé.» El conocimiento siempre es limitado.

¿Cuál es ese lugar del «no sé»?

El «no saber» es la Conciencia Pura. La Conciencia Pura es un estado de vacío, sin contenido, sin conocimiento conceptual que señale. Es decir, un lugar donde no hay formas, ni nombres, ni preguntas, ni respuestas, ni nadie que quiere saber.

El «no saber» es anterior al conocimiento.

El ser humano está identificado con la mente pensante, que se alimenta de pensamientos, y con la mente intelectual, que se nutre de conocimiento; por eso no puede comprender el «no sé».

El pensamiento y el conocimiento intelectual no saben nada de la Conciencia Pura, y nunca lo sabrán.

¿Cómo definirías esta Conciencia Pura?

No se puede definir. Los seres humanos buscamos definiciones y explicaciones para todo, pero la Conciencia Pura es un estado al que no puedes ponerle palabras, porque en el momento en que le pones una sola palabra ya sales de él. Bien, para ser precisa, nunca salimos de la Conciencia Pura, somos Conciencia Pura, lo que ocurre es que las personas que hemos tenido un despertar no podemos definirla, y el resto no son conscientes de ella, no la tocan de una manera consciente.

Este vacío al que te refieres, ¿es oscuridad? ¿Energía?

Es energía pura, es oscuridad, es quietud; nada. Es un «lugar» vasto, profundo, silencioso. Un lugar donde puedes alcanzar momentos de gloria, de plenitud, instantes sublimes, aunque, en realidad, no hay nadie que alcance nada. Un lugar en el que sientes el abrazo del universo. No hay palabras para describirlo.

¿Qué podemos hacer para alcanzarlo?

No necesitamos hacer nada en concreto, ni meditar, ni seguir a ningún gurú, ni comer una comida especial, ni ser buenos, ni aislarnos del mundo. Solo tenemos que darnos cuenta de que ya somos lo que buscamos, ya somos Conciencia Pura, solo tenemos que tocarla.

¿Qué ocurre cuando tocas ese vacío, esta Conciencia Pura?

Lo fundamental que sucede cuando «despiertas» es que te sientes unido a todo lo que es. Aparece una mirada que lo incluye todo, y te das cuenta de que no eres un individuo, una entidad separada, sino que formas parte de la totalidad de la existencia.

Aparece una bondad muy profunda, la bondad de la existencia. El mundo se vuelve benevolente. Todo, incluso lo más horrible, se convierte en amor porque sabes que cumple una función.

¿Qué diferencia hay entre la Conciencia Pura y el Pulsar Esencial del que tú hablas?

La Conciencia Pura, el vacío, es anterior a todo, por decirlo de alguna manera; y el Pulsar Esencial es un movimiento energético que surge de ella y da lugar a todo lo manifestado, a lo que llamamos realidad. Por poner un ejemplo mil veces referenciado, la Conciencia Pura es como la profundidad del océano, y el Pulsar Esencial son las olas que aparecen en la superficie y dan lugar a las formas, a las gotas en todas sus manifestaciones.

Desde esta visión «despierta» de la realidad, ¿cómo se vive el día a día en el mundo?

Aprendes a caminar con un pie en la identidad y otro en lo sagrado. El «no saber», el vacío, te guía. La identidad se subordina de manera natural a este lugar sagrado y deja de molestar, deja de pesar porque sabes que no eres la identidad. Entonces ya no te importa el resultado de lo que haces. Las cosas, las acciones, dejan de explicarte quién eres, ya no te buscas en el afuera. Además, la sensación de carencia, de que te falta algo para ser feliz que siempre tiene la identidad, también desaparece.

Cuando tocas el «no sé», y descansas en esta incertidumbre, te llenas de existencia. Cuando tocas el vacío, despiertas a lo que eres realmente.

Desde tu «despertar», ¿qué ocurre por la mañana cuando te asomas al mundo?

Renazco. Abro los ojos, me siento fresca, nueva, sin cargas del día anterior ni del pasado, sin angustias por lo que tengo que hacer durante el día. A veces tengo conciencia corporal y otras no.

Digamos que cuando uno vive en el vacío, se convierte en el espacio que acoge todo lo que pasa y siempre se mantiene en un estado sin contenido. Te vas a dormir y cuando despiertas, naces de nuevo, cada día. No hay un previo del día anterior, de la semana anterior, del mes anterior, ni del año anterior; ni siquiera de tu vida. La historia personal está, pero en un lugar que no molesta. Cada mañana te estrenas, vamos a decirlo así.

Los hechos que te suceden llegan, los vives y se van; llegan del vacío, los vives y vuelven al vacío. Antes, los sucesos se me quedaban «pegados», aún no había integrado algo, entendido algo, superado algo, cuando ya aparecía otra situación, y otra, y otra. Tenía la sensación de que en mí no había espacio. Me faltaba el aire. La vida me asfixiaba. Ahora los acontecimientos llegan, los vivo sin rechazarlos y se van, y al día siguiente me estreno.

Y el pensamiento, ¿cuándo se incorpora?

Una de las características, por llamarlo de alguna manera, de la experiencia del despertar, es que siempre estás en el presente. A veces, si tengo muchas cosas que hacer esa mañana, aparece un pensamiento que me dice: «No te entretengas, que tienes eso o aquello», porque el movimiento del tiempo en la vida práctica es muy útil; pero muy pocas veces viene un pensamiento que me lleve al pasado o al futuro, muy pocas veces.

La mente organizativa no supone ningún problema, el problema es cuando el pensamiento trata de buscarse en el pasado o en el futuro y entra en el tiempo psicológico; este es el problema.

¿Quiénes somos los seres humanos, Aliciah?

Somos dioses muy equivocados, con mucho miedo a nuestra grandeza. Somos una expresión de conciencia que busca expandirse, que busca conocerse; por eso me gusta decir que el ser humano aún está aprendiendo a ser humano, y la manera en que lo hace es a través de la relación con el otro. La relación con otro ser humano es lo más complejo y a la vez lo más poderoso que tenemos en nuestras manos para conocernos.

¿Por qué?

Porque lo más trascendente que puede descubrir un ser humano es la eternidad en la mirada del otro, descubrir la unidad en la mirada del otro. Descubrir en la mirada del otro que no existe la muerte. Hasta que no estemos cómodos en la mirada del otro, no lo estaremos en ningún lugar.

¿?

Se nos ha olvidado la conexión con el todo, se nos ha olvidado lo mucho que nos amamos a nosotros mismos, a los demás, al planeta y al universo entero, y la complejidad que nos plantea la relación con otro ser humano nos da una oportunidad de recordar. Recordar que no soy una entidad separada del resto.

La separación divide la realidad, nos desconecta de la profundidad que somos, del Ser que somos, y nos enferma psíquica y físicamente.

No tiene ningún sentido el interés propio, todo lo que traemos al mundo es para entregarlo al colectivo. Toda persona que vive bajo el interés propio sufre. Para la Conciencia Pura, eso no tiene ningún sentido.

Sucede lo mismo cuando nos miramos en los ojos de la naturaleza. La flor, el pájaro, el árbol; todo habita dentro de nosotros. Cuando contemplamos las estrellas, podemos sentir que no hay ninguna separación entre ellas y nosotros, entre lo que somos y la inteligencia que mueve el cosmos.

Antes has mencionado que todavía no hemos aprendido a ser humanos, ¿qué significa ser un humano desde tu punto de vista?

Alinearse con la vida, alinearse con el instante presente, rendirse a lo que es. No discutir con la existencia, no discutir con la realidad. Este es el aprendizaje del ser humano.

En el humano, hay como una excitación interna, una búsqueda constante que lo empuja a huir del presente, de la realidad; y esta búsqueda le impide tocar la aceptación de lo que es, la propuesta que la vida le ofrece en el presente.

Cuando experimentas un despertar espontáneo, ya no discutes con la vida, simplemente te rindes a ella. Esta rendición implica aceptar todo lo que te llega, absolutamente todo. En esta rendición no caben preguntas ni quejas.

La Conciencia Pura, el Pulsar Esencial, el cuerpo, la mente, las emociones, el ego... Somos un puzle con todas las piezas desencajadas y no sabemos qué hacer con ellas. La verdad es que, visto desde la cotidianidad de la vida, el viaje del ser humano parece un sinsentido, una broma macabra...

No le vemos ni pies ni cabeza porque lo miramos desde el pensamiento, y el pensamiento no sabe nada de la esencia del ser humano. No es profundo, no es sensible. No conoce nada del vacío. El pensamiento siempre quiere soluciones, respuestas, explicaciones...; quiere dirigir la vida, quiere imponerse a la vida porque no sabe que no sabe nada de lo profundo, de la Conciencia Pura, del Pulsar Esencial, de la vida.

No tiene sentido tratar de entender la existencia con el pensamiento; el pensamiento está al servicio del ego la mayor parte del tiempo.

¿Quién puede hablarnos de lo profundo?

La eternidad, la vida que da vida a la vida.

¿?

Uno de los errores fundamentales del ser humano es creer que puede explicarle a la eternidad cómo tiene que ser la vida, en lugar de dejar que sea la eternidad la que le explique la vida a él. El humano sufre de una soberbia enorme. Detrás de esta soberbia está el miedo, el miedo de no saber quién soy, de dónde vengo ni adónde voy.

Cuando tocas la Conciencia Pura, desaparecen todas las preguntas y te rindes a la existencia, descansas profundamente en ella. El miedo a la vida desaparece porque te conviertes en vida, tomas conciencia de que eres vida danzando con todo el universo. Entonces aparece una humildad que se lleva por delante todas las preguntas.

Entonces, ¿cuál es la función de la mente?

La mente es maravillosa y sus capacidades son insondables, pero hay que conocerla y, sobre todo, diferenciar la mente del pensamiento y de la memoria.

La memoria es una dimensión de la mente que está ligada a la función de supervivencia. Si vas por un camino, por ejemplo, y hay un agujero y te caes, al día siguiente la memoria te avisa para que no te vuelvas a caer. Es como un archivo enorme que guarda la historia de tu linaje y de tu identidad, y la memoria universal que se ha ido gestando a lo largo de los siglos de evolución del ser humano.

Por otro lado, desde mi punto de vista, a grandes rasgos, podemos distinguir cuatro «tipos» de mente: la mente pensante, la mente intelectual, la mente organizativa y la mente brillante.

En la mente pensante, donde los humanos pasamos la mayor parte del tiempo, vive el pasado y el futuro, la memoria y las emociones.

A la mente intelectual le gusta nutrirse de conocimiento, y almacenar conocimiento.

La mente organizativa es muy útil porque se encarga de la logística; es nuestra agenda.

La mente brillante es la puerta que nos conecta con el presente, con la intuición, con la creatividad en todos los sentidos, con la belleza, con el vacío, con el «no sé». La mente brillante es la que nos convierte en presencia.

La mente pensante y la intelectual sirven al ego, la mente organizativa es muy útil siempre y cuando no esté al servicio del egoísmo, y la mente brillante sirve a la Conciencia Pura.

El pensamiento que surge de la mente pensante es como un tapón que bloquea nuestro flujo directo con la Conciencia Pura. Esta obstrucción nos impide conectar con la grandeza que somos, y nos aboca a una vida llena de dudas y preguntas, una vida de lucha por la supervivencia, una vida ilusoria que solo existe dentro de la mente pensante del usuario.

La relación que tenemos con la mente pensante es disfuncional, en lugar de pensar nosotros, ella nos piensa; nos trae un pensamiento detrás de otro sin que podamos hacer nada para evitarlo. No lo hace con mala intención, en el fondo nos quiere ayudar, pero todos conocemos las consecuencias de los pensamientos incontrolados.

La mente pensante tiene poder sobre nosotros porque no habitamos el instante presente. La Realidad es una y vive en el instante presente, y el portal para acceder a ella es la mente brillante.

¿Podrías hablar un poco más de la mente brillante?

Podríamos decir que la mente brillante es como una mirada, pero, fundamentalmente, es Atención Consciente.

La mente brillante vive en el silencio, no dice nada, está por encima de lo aparente. La verdadera inteligencia es silenciosa.

El silencio tiene la capacidad de modificar la estructura de la mente pensante y dar lugar al pensamiento brillante, un pensamiento claro, enfocado que no lleva consigo relatos asociados, ni juicios, ni valoraciones, y que es capaz de generar ideas extrordinarias.

¿En qué consiste la Atención Consciente?

Es una alerta sin esfuerzo. Digamos que la Atención Consciente es un punto estable donde nos mantenemos en coherencia con el todo, y dejamos de funcionar desde la mente pensante.

En la Atención Consciente, la identidad se diluye.

La Atención Consciente tiene la capacidad de recoger todo lo que somos y todo lo que sucede en el instante presente. Es una atención global que no pierde la atención individual. Es una mirada consciente de ser conciencia individual a la vez que Conciencia Pura.

La Atención Consciente es un espacio en el que podemos dejarnos caer hasta que llega un momento en el que ya no existimos. O sea, la atención ya no es nuestra atención, sino que nos convertimos en la atención del mundo, nos convertimos en los ojos del mundo, en la respiración del mundo. Somos el mundo completo. Somos todo. No tiene fin.

¿Qué papel le otorgas al cuerpo?

El cuerpo es lo más denso y a la vez lo más real que tenemos. El cuerpo es una puerta de entrada al vacío.

El cuerpo tiene una función muy muy importante en el camino del despertar. Un cuerpo que sufre, sea por enfermedad, porque ha vivido un accidente, por problemas psicológicos, por hambrunas, en fin…, nos puede ayudar a rendirnos. Cuando el dolor o el sufrimiento que experimentamos a través del cuerpo se hace insostenible, el ego se come a sí mismo. Es decir, es como si el dolor generara un circuito cerrado que no dejara respirar al ego, que no le dejara salir más allá de sus fronteras. Entonces, asfixiado por el dolor, al ego no le queda más remedio que rendirse y, justo en esa entrega, la conciencia gira sobre sí misma y despierta.

Esta es la experiencia que se dio en mí. El dolor y el sufrimiento me abrieron la puerta a la liberación.

Las diferentes tradiciones religiosas, espirituales y yógicas ponen énfasis en los centros energéticos que tenemos en el cuerpo humano. ¿Cómo experimentas tú estos puntos?

Si le tengo que poner un orden a la secuencia del despertar que experimenté fue: mente-*hara*-corazón.

En estos momentos, en la experiencia ordinaria del día a día, lo que se impone en mi vida es la mente vacía. Sin embargo, todos los movimientos que se dan en mí que trascienden lo ordinario, vamos a decirlo así, surgen a partir del *hara*. Es como si se abriera un espacio en esta zona, dos dedos por debajo del ombligo, y algo me estirara y me llevara a otra dimensión.

El corazón lo siento mucho más ralentizado y en coherencia con el vacío y con la Atención Consciente. Esta línea de coherencia, mente-*hara*-corazón que se dio en mí, ya nunca me ha abandonado.

Siento que el *hara* es el punto gravitacional del ser humano. Es el punto que nos ancla a la Conciencia Pura y a todas las dimensiones que el ser humano puede experimentar.

Cuando despiertas, te das cuenta de que hay un potencial enorme en el cuerpo humano, y que es infinitamente más inteligente que el pensamiento.

¿Cómo podemos interactuar con el cuerpo?

Una manera muy sencilla de entrar en contacto con el cuerpo es hacernos conscientes de nuestra respiración. Además, también podemos establecer un diálogo con él con las manos.

Las manos son muy energéticas y un canal de diálogo con el cuerpo muy poderoso. Si ponemos las manos en el *hara* y hacemos pequeños movimientos por esta zona, el cuerpo reacciona rápido. Al cuerpo siempre le alegra cuando ponemos la atención en él.

¿Qué efectos beneficiosos podemos sentir?

Como he dicho antes, el *hara* es uno de los centros energéticos más importantes que tiene el cuerpo humano. Los centros energéticos son puertas, canales de conexión con nuestra dimensión espiritual. Cuando activamos el *hara* con las manos, solo que las pongamos en esa zona unos minutos, podemos sentir una especie de consuelo, una relajación profunda, paz.

En el fondo, este acto tan sencillo activa la memoria de quiénes somos.

¿Qué papel tienen los sentidos?

Los sentidos son emisores y receptores de información que perciben y emiten en un código diferente al mental.

¿Qué dirías del corazón?

El corazón es el que administra todo lo que nos llega a través de los sentidos.

El cuerpo recibe mucha información del entorno que pasa a ser un sentir, que no una emoción. Este sentir lo recoge el corazón.

Según tú, ¿qué diferencia hay entre el sentir y la emoción?

El sentir se convierte en emoción cuando interviene la mente pensante y emite una valoración o un juicio sobre lo que sucede y nos dice que ante ese suceso tenemos que estar tristes o alegres, o tenemos que reaccionar de esa u otra manera.

El sentir está ligado al corazón y está desprovisto de emoción. El corazón recoge el sentir, la información real de lo que sucede, y la integra; y la mente brillante, con esa información, acaba de completar la foto de lo que se está dando en el presente. En el momento en que emitimos un juicio sobre lo que sucede, perdemos la información real de lo que sucede.

O sea, es un movimiento de orden y de colaboración muy profundos, donde cuerpo y mente se ponen al servicio de la vida. Entonces nos convertimos en un receptáculo que recibe y emite belleza; pero la belleza no la determina el objeto, ni la determina nuestra interpretación sobre el objeto, sino que percibimos y emanamos «belleza» por el simple hecho de existir.

Cada ser, cada «cosa» y cada hecho tienen su función y ocupan su lugar, a la vez que todo está íntimamente conectado.

Desde tu cosmovisión, ¿cómo ves el mundo?

Podríamos decir que el mundo surge a partir de la confluencia de la realidad esencial y de la realidad vista a través del filtro de la identidad.

También podríamos decir que el mundo es consecuencia de la identidad. El mundo es solo una ilusión que surge de la ilusión de creer que tenemos una identidad, que somos personas separadas las unas de las otras, que tenemos entidad individual.

¿Y qué sentido tienen la identidad y el mundo si son ilusorias?

¿Cómo decirlo…? Es como si la existencia nos ofreciera esta realidad ilusoria para que podamos descubrir lo que somos realmente: Conciencia Pura.

**Entonces, ¿cómo podemos relacionarnos con la iden-
tidad?**

El problema no es la identidad, sino creer que yo soy esa
identidad, buscarme en ella, imaginar que la identidad es mi
salvación, que la tengo que defender a toda costa porque es
lo único que tengo. Por eso me gusta decir que lo ideal
es andar con un pie en la identidad y otro en lo sagrado.

La identidad es necesaria para vivir en el mundo, tiene
su función, pero no debe ocupar todo el espacio.

**Pero nada más nacer, ya nos ponen un nombre, nos
dicen que pertenecemos a un padre y a una madre, a
una ciudad...**

Sí, lo curioso es que las identidades se refuerzan unas a
otras. Las identidades forman una «entidad» en sí misma
que tiene vida propia, y que ha ido creciendo a lo largo de
los siglos.

¿Podríamos llamarla memoria universal?

Sí, desde el «no sé» se ve como un gran teatro en el que
cada uno de nosotros cumple un papel y, a la vez, los papeles
se retroalimentan de las actuaciones de cada actor.

Podríamos decir que existe la Conciencia Pura, que es
este vacío, y que, a partir del Pulsar Esencial, aparece, dentro
de esta conciencia absoluta, una conciencia individual. Esta

conciencia individual, nada más aparecer, ya se alimenta de la memoria universal, que a la vez se ha ido alimentando de otras mentes individuales.

Es decir, la conciencia es inteligente y aparecen conciencias específicas individuales que también son inteligentes. Estas conciencias individuales tienen la capacidad de desarrollar mente y estas mentes desarrollan una mente universal. Una y otras se retroalimentan y, al final, la mente se nos come.

Tenemos que ser conscientes de que la mente es colectiva. Entonces, si sumamos siete mil millones de mentes funcionando a la vez y enfocadas en la supervivencia…, se genera una masa energética que impide que el ser humano tenga una experiencia trascendental del viaje de la existencia. Si todas estas mentes se pusieran al servicio de la existencia, aparecería un nuevo mundo.

En el fondo no pasa nada. En lo profundo no pasa nada, la esencia del ser humano nunca se ve afectada.

Está claro que el viaje de la vida consiste en compaginar la identidad y la Conciencia Pura, ¿cómo hacerlo?

Diría que hay tantas formas como seres humanos sobre el planeta, pero voy a exponer dos. La primera que propongo es dejarse destruir por el miedo. Abrirse a ese miedo derivado de la supervivencia, y dejar que nos cale hasta los huesos hasta lograr atraversarlo y aniquilar al ego.

La segunda, no muy distinta, es atreverse a sentir el momento presente, no huir de él, aprovechar cada situación que la vida nos presenta para ir hacia adentro, para tocar la Conciencia Pura, la Realidad que somos.

Necesitamos tocar nuestra esencia, porque, si alguna vez la tocamos, ya no se nos olvida jamás. Tocar la Conciencia Pura es lo más significativo que podemos experimentar como seres humanos.

Nadie nos enseña a tocar la Conciencia Pura.

No es algo que se pueda enseñar, solo apuntar. Estas palabras pueden ser una guía, pero solo son eso, una guía. En cada uno de nosotros está todo el conocimiento que necesitamos para descubir el «no sé» que somos.

Entonces, volviendo al sufrimiento, tener una vida sin grandes dificultades, ¿nos aleja del despertar?

Nadie puede decir por qué algunas personas despiertan y otras no, yo solo puedo hablar de mi experiencia.

Desde mi punto de vista, el sufrimiento cumple una función importante en nuestra vida. Dicho así, puede que no se entienda o se malinterprete. En los peores momentos de mi vida, seguramente me hubiera ofendido al leer esto. Lo que quiero que se entienda es el acto de la rendición, el acto de entregar nuestra vida a la vida. Dejarse comer por el sufrimiento nos puede llevar a la liberación del sufrimiento y al despertar.

¿Qué papel cumple el ego?

El ego surge del miedo a la muerte. El miedo a la muerte nos aboca a un estado defensivo que utiliza los talentos que tenemos y, en lugar de ponerlos al servicio de la creatividad, los pone al servicio de la supervivencia. El ego encierra a la persona en una cárcel de creencias y patrones, y le impide abrirse al «festival de la vida» que se da a cada instante.

Atrapados en la cárcel del ego, nos pasamos la vida intentando burlar a la muerte. Curiosamente, cuanto más lo intentamos, más nos acercamos a ella. Hasta que no aprendamos a vivir aceptando la muerte, no podremos descubrir la profundidad de la existencia.

El ego ni mejora ni se cura, o muere o deja de tener importancia, que es lo mismo que si falleciera.

¿Cómo aceptar la muerte?

Rindiéndonos a la vida. Entregándonos al instante presente. En realidad, en lo profundo, la vida es muy simple.

Cuando una persona, identificada con su historia personal, siente el aliento de la muerte, de manera consciente o inconsciente reacciona a la defensiva. En ella surge un sentimiento de desamparo muy grande. Lo grandioso es que detrás de ese desamparo lo que subyace es un anhelo enorme por abrazar a la muerte; es decir, la eternidad que es.

Cuando perdemos a un ser querido, por ejemplo, el mejor tributo que podemos rendirle es aceptar su partida, no resistirnos al dolor que sentimos y permanecer presentes. Ese es un regalo que no solo hacemos a la persona que se ha ido, sino a nosotros mismos.

Al entregarnos al dolor de la partida de alguien a quien amamos, permitimos que la muerte se revele ante nosotros como algo sagrado.

La muerte es el momento más sagrado de la existencia. Cuando abrazamos ese momento, la muerte trae consigo una nueva vida.

Aceptar la muerte de la persona amada nos ayuda a vivir mejor nuestra vida, porque incluimos la muerte en la vida. El ser fallecido se incorpora a nuestra mirada como un activo de vida. Es muy sanador. Al hacerlo, entregamos nuestra vivencia al mundo, nos convertimos en portadores de paz.

Ahora, sí sentimos la muerte como un castigo de la vida o de Dios, como algo injusto, como un error, si rechazamos el plan de la vida, esa muerte se nos está llevando a nosotros también.

¿Qué es la muerte desde tu punto de vista?

La muerte no existe. La vida nunca muere. La vida es un principio absoluto. Lo que pasa es que el pensamiento saca sus propias conclusiones del viaje de la vida; él dice, bueno, si he nacido, en algún momento tengo que morir; pero esta creencia de aniquilamiento, una vez más, solo existe dentro de la mente pensante del usuario. Los principios y los finales solo están en el pensamiento.

El nacimiento y la muerte son dos movimientos que están unidos y que implican a la vida.

Cuando estás en el vacío, te das cuenta de que no hay un principio y un final de nada, todo es consecutivo de todo. Todo habla con todo.

Si nos rendimos a la muerte, el universo se arrodillará ante nosotros.

Hasta que no aprendamos a abrazar la muerte, no aprenderemos a vivir; de hecho, cuando te iluminas, vives como si hubieras muerto.

¿Cómo podemos acompañar a una persona en su tránsito?

Lo más importante es que nosotros no vivamos la muerte con miedo, como algo dramático, como un final. No hay final. El cuerpo muere, sí, pero la muerte del cuerpo solo es el final de una forma. La esencia del ser humano no muere.

También es muy importante que nos abramos completamente a ese momento, que no vivamos la muerte de la otra persona como algo separado a nosotros. Si nos abrirnos con plenitud a ese instante, damos la oportunidad a la muerte que nos cuente que ella no es muerte.

¿?

En este duelo tan profundo, podemos tocar «lo» sagrado que nos conecta con la esencia. Cuando vivimos un momento muy intenso, de mucho dolor, estamos muy cerca de la luz, de la Conciencia Pura.

La muerte es la oportunidad más sagrada que tenemos para que la vida nos descubra sus misterios.

Somos actores, ¿esto es un drama?

No es un drama. La vida es gozo, amor y dolor.

¿Qué título le pondrías al teatro de la vida?

En la superficie, es una obra de teatro, sí, pero el carácter de melodrama se lo damos nosotros. La vida no tiene nada de dramática.

El dolor forma parte de la vida, por supuesto, una vida sin dolor es inimaginable, pero nosotros vivimos este dolor como un drama porque creemos que la vida tiene que satisfacer nuestros deseos, tiene que hacernos felices; ese es nuestro gran error.

El sufimiento que vivimos y el sufrimiento que vemos a nuestro alrededor son un reflejo de nuestro egoísmo, de nuestra ignorancia, de nuestra competitividad; son fruto de la idea de creernos una entidad separada de los demás, de la naturaleza y del universo.

¿Cómo sería vivir si todos despertáramos de repente?

No lo sé, tendríamos que descubrirlo entre todos, pero tengo la sensación de que, si los seres humanos que habitamos el planeta Tierra despertáramos de repente, nos daríamos cuenta de que vivimos en un paraíso. Creo que el drama desaparecería de la existencia. Creo que los humanos dejarían de matarse entre ellos.

Una persona que despierta es incapaz de hacerse daño a sí misma, de hacer daño a otro ser humano o de hacer daño al planeta; es incapaz.

Cuando despiertas, se instala en ti la sensación de unidad. No hay separación entre tú y otro ser humano. No hay separación entre tú y la naturaleza, por lo tanto, no atentas contra nada, contra ningún ser vivo. Aparece un instinto de preservación por la vida muy profundo.

¿Que diferencia ves tú entre el sueño, la vigilia y el «despertar»?

Son manifestaciones de la Conciencia Pura. Cuando

dormimos, nos fusionamos con esta Conciencia; la vigilia, mayormente, es una ilusión, y el despertar, salir de la ilusión.

¿Cómo definirías el plano astral?

Es otra manifestación de la Conciencia Pura que puede parecer tan real como la realidad fenoménica. De todas formas, si intento describir el plano astral, lo que hago es interpretarlo, reducirlo, limitarlo… Prefiero no hacerlo. Lo único que me gustaría señalar es que, por más atractiva que sea una experiencia en el plano astral, por más fascinante que sea, no es liberadora; es decir, lo único que nos libera es la Conciencia Pura, el vacío, el silencio.

¿Cómo o desde dónde tomas las decisiones, Aliciah?

Cuando estás en el «no sé», las decisiones pasan a ser una colaboración con la vida y dejas de decidir, dejas de tomar decisiones individuales.

El ser humano acostumbra a dejar que sea el pensamiento el que decida ante una situación o una propuesta que se le presenta. Sin embargo, siempre que dejamos que sea el pensamiento condicionado el que decida, entramos en la ilusión, en la interpretación, y limitamos muchísimo nuestra experiencia.

Si decidir desde el pensamiento condicionado limita nuestra experiencia, ¿cómo decidimos?

Lo ideal es dejar de decidir de forma individual, convertirnos en colaboradores conscientes de la creación; sentir que formamos parte de la totalidad y que nuestras acciones sirven a la existencia. Siempre que queremos controlar y dirigir nuestra vida, no nos va bien.

Vamos a ver un ejemplo. Si ahora te ofrecen un trabajo en Francia, ¿qué haces?

Te abres a lo que la vida trae y de entrada le pones un «sí» a lo que acaba de llegar, pero un sí sin comentarios, sin etiquetas, sin «¡qué bien!» o «¡qué mal!» o «¿qué voy a hacer ahora?», simplemente dices sí. Luego te abres a la totalidad.

¿Qué significa abrirse a la totalidad?

La propuesta que te llega no la ves aislada, la recibes desde la totalidad porque sabes que todo habla con todo, la contemplas a la vez que observas de una manera amplia las circunstancias que se dan en tu vida en esos momentos, las situaciones que se dan a tu alrededor, pero no miras desde el pensamiento. Poco a poco, ante ti aparece una información en el instante presente, aparece la respuesta de una manera muy orgánica.

Es decir, de entrada, decimos sí a la oferta de trabajo, y luego observamos.

Ponemos un sí, no a la oferta concreta de trabajo, me refiero un sí al hecho de que «esa oferta» ha llegado. Si damos ese sí, estamos atentos y lo dejamos sentir, empezaremos a darnos cuenta de que «eso» no se detiene ahí, sino que llega otra cosa, y a continuación otra, y otra, porque la vida es movimiento constante. Tal vez al principio no veamos la relación entre todos esos movimientos que llegan, pero si estamos atentos nos daremos cuenta de que todo habla con todo.

¿Sincronicidad?

Aparecen las sincronicidades, sí. Es muy diferente buscar una respuesta con la mente que acompañar el movimiento. Cuando acompañamos el movimiento que se va dando, ya no necesitamos pedir una respuesta, nosotros nos convertimos en la respuesta. La decisión se va dibujando sin que hayamos decidido nada. Si la propuesta es necesaria, lo sabremos y diremos sí; si la propuesta no es necesaria, diremos no. Si aún no lo vemos, agudizaremos la atención hasta que se defina.

¿Sería fluir?

Exacto, sería dejarnos fluir. Lo que intento decir es que el dominio que creemos tener sobre nuestra vida o que pretendemos tener es ilusorio. Siempre que tratamos de explicarle a la vida cómo nos tiene que vivir, o cuando queremos que la realidad se ajuste a lo que nosotros creemos que nos conviene, lo complicamos.

Si en vez de interferir en el movimiento de la vida, lo acompañamos, aun en situaciones complejas, la vida se vuelve amable, más fácil. Cuando uno tiene la pretensión de controlar la vida y cree que debe «pensar» las decisiones que toma, carga a sus espaldas un peso muy grande.

Entonces, ¿el albedrío no existe? ¿Tiene la facultad del libre albedrío el ser humano?

Según mi experiencia, el libre albedrío es solo una manera más de intentar controlar la vida. No me interesa demasiado. No es algo que me preocupe, pero desde el «no sé» puedo decir que toda acción que implique individualidad ni existe ni tiene sentido. En la vida no hay nada individual. Tú no tienes «tu» vida, ni te pasan «cosas» de forma aislada. Estamos unidos a una energía vinculante e inevitable que es la que estructura profundamente la realidad. La vida es como un engranaje enorme que nos incluye a todos. No hay nada separado, por lo tanto, el libre albedrío no tiene lugar.

Somos colaboradores de la existencia. Somos vida en danza con todas las vidas del universo. Si abrimos un poco la mirada, si salimos de la visión estrecha que nos proporciona la mente pensante, nos daremos cuenta de que bailamos con el Sol, con Neptuno, con Plutón, con Urano, con Saturno, con Júpiter, con Marte, con Venus, con Mercurio, con la Luna… Nos movemos impulsados por la misma fuerza.

No tiene sentido imaginar que uno de nosotros, de manera individual, «decida» parar este movimiento en espiral porque quiere ir en la otra dirección. Es decir, pretenda decirle al movimiento cómo tiene que moverse.

Tenemos el ego tan instalado que nos parece imposible que no tengamos la capacidad de decidir, pero si volvemos a la metáfora del océano, creo que se puede entender muy bien. Si una gota quiere ir en dirección contraria a la fuerza con la que es impulsada por la ola, no va a lograr nada.

La humilad es esencial. Rendirse ante la fuerza de la existencia es esencial.

Muchos creen que la suerte o la mala suerte se la crea uno mismo.

Tener buena o mala suerte solo es una interpretación. Una vida tan desgraciada, en apariencia, como era la mía es capaz de llevarte a lo más profundo que puede tocar un ser humano: el Despertar.

¿Y los deseos?

Una vez más, el deseo siempre implica interés propio. El interés propio siempre te separa de la realidad y siempre conlleva sufrimiento.

Si digo: «A mí me gustaría tener una casa muy bonita en el mar», ¿de alguna manera me estoy haciendo daño?

Sí, claro, porque inconscientemente basas tu felicidad en el futuro y, además, te buscas en las cosas que posees. Te parece que tu tranquilidad pasa por tener una casa en un lugar concreto, y luego, si la consigues, vas a querer un coche más grande, o un piso en la ciudad… Los deseos no tienen fin. Además, desear algo solo para ti significa que te ves separada de la unidad, significa que pones tu interés por encima de la totalidad. Entonces sí, vas a sufrir.

No tener deseos, ilusiones, es como… imposible.

Es el ego el que tiene deseos. El ego mantiene al ser humano en este juego de carencia. Siempre deseamos lo que no tenemos. La ilusión siempre se basa en algo que no tengo, o sea, también se basa en la carencia.

¿No puedo tener una casa bonita, un coche, un proyecto?

Claro que sí, las cosas bonitas tienen un lugar en el mundo, y no es ningún problema. Las cosas nunca son un problema. Es la interpretación que nosotros hacemos de las cosas y cómo nos vivimos a través de ellas. Las cosas están ahí para ser disfrutadas, claro que sí, pero hay que dejar que vengan.

Tenemos que darnos cuenta de que el ego no es inteligente, pero sí muy hábil y se cuela por todas partes. El ego sirve a la supervivencia, por tanto, ve carencia por todas partes. Cuando tenemos un pisito, quiere un piso más grande; cuando lo tenemos, quiere que vivamos en un barrio mejor, o quiere una casa en el campo… Tenemos que ser conscientes de este mecanismo del ego para no vivir como esclavos.

Cuando despiertas, te das cuenta de que la vida es muy simple. Si la miras desde el pensamiento, puede parecer incluso aburrida, pero yo no echo nada de menos los deseos, ni las ilusiones. No echo nada de menos, nada. No volvería atrás, nunca. Tengo una vida muy sencilla; humilde, podríamos decir. No me falta nada.

Dices que las cosas hay que dejar que vengan. ¿Cómo?

Incorporando la intención a la atención en el instante presente.

¿?

Es una intención que se nutre de la Atención Consciente, del vacío. Entonces la acción que surge de esa intención-

Atención Consciente es una acción muy eficaz porque sale de un lugar no condicionado. Es decir, es una acción que no tiene relato, no tiene objetivos, no me cuenta nada de lo que pasa ni de lo que pasará. Es una acción que abarca la totalidad. Es una acción que sale de la unidad. Es una acción que no fracciona la realidad, que no está pensando solo en lo que yo voy a obtener.

La acción que nace de la intención-Atención Consciente es un movimiento de amor, es el acto más eficaz que puede realizar un ser humano.

¿La intención sintonizada con la Atención Consciente es igual a la intuición?

Sí. Las obras de arte más sublimes, los descubrimientos científicos, las curaciones espontáneas de una enfermedad… surgen de este lugar que se abre cuando la Atención Consciente se sintoniza.

En el ser humano hay un poder enorme por descubrir, incluso para la persona despierta.

¿Crees que la felicidad es posible en este mundo, Aliciah?

La felicidad entendida como un concepto, como una idea, no. La felicidad entendida como una posesión individual no existe: tú, de manera individual, nunca serás feliz.

La felicidad es un estado que se alcanza cuando estamos en unidad con todo lo que nos rodea. Entonces aparecen la bondad y la paz de la existencia. Una paz y una bondad que no dependen de nada externo a ti. Eres paz, eres bondad.

Pero se nos presentan situaciones muy difíciles, ¿cómo podemos mantenernos en unidad cuando vivimos una enfermedad grave, la pérdida de un ser querido o no tenemos dinero para subsistir?

Todo lo que nos sucede esconde un bien mayor. Esto es muy difícil de aceptar y de comprender desde el personaje, desde la identidad, lo sé porque yo he estado ahí.

Cuando nos pasa algo que nos supera, lo primero que aparece es el dolor. Acoger este dolor con consciencia es lo mejor que podemos hacer. Hay que aceptar que la vida nos ha traído ese dolor.

Sin embargo, si pretendemos aceptar toda la situación en su conjunto, no lo lograremos. Es más fácil si integramos lo que nos ha sucedido conforme se nos presenta en el instante presente, sin viajar con el pensamiento al pasado o al futuro. El pensamiento rechaza el dolor y lo convierte en sufrimiento. El movimiento del pensamiento en el tiempo mantiene y fija la imagen del instante en el que nos dieron la mala noticia, el instante en el que se produjo el accidente, etc.; y la imagen cristalizada de ese instante doloroso alimenta al ego. Aceptar el dolor, aceptar el movimiento profundo de la vida y reconocer que no tiene sentido discutir con él, es la mejor manera de trascenderlo.

Escuchar al ego, creer que yo tengo «mi dolor», que yo soy ese dolor, creer que yo soy mi historia personal, es la causa de nuestro sufrimiento y del sufrimiento en el mundo. Si yo creo que soy mi biografía, cuando me sucede algo o pierdo a alguien, mi vida se viene abajo.

¿El ser humano tiene pendiente aceptar la impermanencia?

Tiene pendiente aceptar que la vida es puro cambio, y que el movimiento de la vida es imparable. Por eso es tan importante abrirse a la dimensión espiritual.

¿Qué significa abrirse a la dimensión espiritual?

Darnos cuenta de que no tenemos nada y que nada nos pertenece.

¿?

Se da una paradoja muy grande: cuando te abres al dolor en el momento en que se presenta, aparece un conocimiento muy grande; ese dolor se transforma en paz. Es como si la vida te abrazara.

¿Cuál es la mejor manera de acompañar a alguien en su dolor?

El silencio; el silencio te proporciona una mirada limpia de la situación. La mejor manera en que podemos acompañar a otro ser humano en una situación difícil es convirtiéndonos en un espacio vacío para ese ser humano. Acogiendo todo lo que le sucede, y hablar lo mínimo. No juzgar, no poner contenido a esa situación.

¿Qué es para ti la enfermedad?

Desorden que busca orden.

¿Quién enferma?

La persona.

Cuándo dices la persona, ¿te refieres al ser humano?

Me refiero a la identidad; la esencia del ser humano nunca se ve afectada por nada.

Pero el cuerpo enferma.

El cuerpo es donde se expresa el desorden. El cuerpo es el contenedor de todo lo que pensamos y de todas las emociones que sentimos, además de todo lo que no nos permitimos sentir.

¿Qué podemos hacer para no enfermar?

Abrirnos a la dimensión espiritual, dejar de identificarnos con el pensamiento y las emociones. Generar en nosotros espacios de vacío, de silencio.

¿Cómo podemos dejar de identificarnos con el pensamiento?

Lo más fácil y valioso es, primero, ser conscientes de nuestro sistema de pensamientos y, segundo, generar un espacio entre pensamiento y pensamiento. Hacerlo de una manera consciente. Nada más. Esto es asumible para todo el mundo. Todos los seres humanos tenemos la capacidad de pensar y de dejar de pensar a voluntad.

Tal vez no nos curemos de nuestras enfermedades, pero nuestra vida mejorará mucho si recurrimos al silencio. Tocar el silencio es tocar el orden de la existencia.

La sanación surge de la quietud.

Hablas mucho de la aceptación ante una enfermedad o ante cualquier situación que nos trae la vida. ¿Puedes ampliar un poco más esta visión?

La aceptación es un «sí» a la vida. Lo que ha sucedido ha sucedido, no lo podemos cambiar. ¿Podemos enfadarnos?, sí; pero ¿de qué sirve discutir con lo que nos ha pasado? ¿Nos ayuda?

Al menos a desahogarnos.

Bien, desahoguémonos, gritemos, sintamos el dolor profundamente, pero a la vez seamos conscientes de que «eso» que nos ha pasado, ha pasado; no rechacemos la situación y abrámonos a una comprensión más profunda.

¿Eso quiere decir que no podemos hacer nada ni cambiar nada?

Claro que podemos, pero sin rechazar el instante presente. Cuando le ponemos un «sí» a la vida, dejamos que una inteligencia mayor opere a través de nosotros. Cuando le ponemos un «sí» a la vida y nos alineamos con la situación, nos abrimos a las posibilidades y nos convertimos en colaboradores conscientes de la vida.

Paradójicamente, en el momento en que nos entregamos a la situación, esta deja de ser tan importante. El ego es muy dramático.

Ante cualquier situación que nos trae la vida, tu consejo es: «Sí», y sin comentarios. ¿Por qué?

El silencio nos aquieta y permite acciones más eficaces enfocadas en el presente.

Al estar identificados con el pensamiento, creemos que la palabra es la verdad.

¿Y no es así?

El problema es cuando la palabra viene del pensamiento con el que nos identificamos, y el pensamiento viene del ego, y el ego es una estructura que nace del miedo. La consecuencia es que los comentarios que haremos al referirnos a una situación concreta serán fruto del miedo, y el miedo no puede darnos ninguna buena solución.

¿La palabra crea realidad?

La palabra es energía; entonces sí, claro. Nuestros pensamientos y palabras son una interpretación de la realidad, por tanto, una creación de nuestra realidad.

Según tu punto de vista, ¿cuáles son las herramientas esenciales que tenemos en nuestras manos para fluir con la realidad que se nos presenta?

Lo más poderoso que tiene el ser humano es la Atención Consciente.

¿Podrías definir un poco más qué es la Atención Consciente?

Normalmente, los seres humanos funcionamos, por decirlo de alguna manera, en piloto automático. Si en lugar de funcionar desde la inconsciencia, desde la mente pensante, hacemos de la Atención Consciente el centro de nuestra vida, de una manera espontánea surgirá en nosotros un conocimiento no intelectual o conceptual que nos abrirá a una nueva dimensión de nuestra experiencia.

Eso no quiere decir que nuestra vida mejore inmediatamente, puede que no, pero entramos en coherencia con nuestro sistema.

¿Qué significa entrar en coherencia con nuestro sistema?

Es un conocimiento profundo que no sale del pensamiento. Es un saber que se convierte en certeza. Todos los sentidos actúan como una brújula, y nos van guiando, nos van transmitiendo información.

Algo se ordena profundamente en nosotros y aparece una gran comprensión, una gran certeza. «No sé cómo lo sé, pero sé lo que tengo que hacer.»

¿Cómo podemos afinar esta Atención Consciente?

Una buena práctica para afinar la Atención Consciente es utilizar el instante presente.

Observar la mente pensante y darnos cuenta de si nos tiene secuestrados en el tiempo –pasado o futuro–, y poner consciencia en el instante presente.

Agudizar nuestra percepción a través de los sentidos.

Ser muy conscientes del entorno en el que estamos, de lo que vemos, oímos…

No poner toda la atención fuera. Es decir, buscar un equilibrio entre lo que me llega de fuera y lo que percibo-siento dentro. Se trata de no perderse tanto en el mundo de las formas que hay en el exterior, y poner conciencia en uno mismo mientras interactuamos con el mundo.

Si estamos en presencia de otro ser humano, ser conscien-te de si lo escuchamos o no: ¿Desde dónde lo escuchamos? ¿Cómo nos afectan sus palabras? ¿Y su mirada?

La mirada es muy significativa, porque no sale del pen-samiento. La mirada sale de una dimensión mucho más profunda que habita en nosotros.

Ser conscientes de la respiración. Ser conscientes de que inhalamos y exhalamos mientras andamos por la calle, tra-bajamos o interactuamos con el mundo. La respiración es un ancla que nos mantiene en el instante presente.

Parecen ejercicios sin mucha importancia, pero son muy significativos. Si somos perseverantes en la observación del instante presente, empezaremos a vernos como jamás nos habíamos visto.

¿?

Nos parece que cuando nos miramos al espejo nos reco-nocemos, pero en realidad no tenemos ni idea de quiénes somos.

Estar presentes en el aquí y ahora nos permite abrirnos

a nosotros mismos y conocer nuestra profundidad. Por más que el ego nos explique que dentro de nosotros habita un monstruo terrible o que somos detestables, si nos observamos en el instante presente, descubriremos que eso solo son patrones de creencias.

Cuando permitimos que el instante presente nos acoja y que la vida nos abrace con todo lo que trae, nos convertimos en testigos de lo que sucede. Nos convertimos en una mirada que observa los acontecimientos que llegan, los pensamientos que llegan, las percepciones y los sentimientos que llegan, sin rechazar nada.

Para abrazar todo lo que nos llega en el instante presente, tenemos que confiar.

No se trata de confiar, porque si confías en algún momento desconfiarás. Es la dualidad la que necesita confiar, pero en realidad se trata de «ser confianza», de rendirse a lo que es, de dejarnos destruir por lo que sucede.

Cuando nos rendimos, detrás de esa entrega aparece nuestra verdadera naturaleza, lo que somos en realidad. Aparece el amor y la paz que somos, aparece el conocimiento que somos; un conocimiento que no nos lo puede dar nadie, que no se encuentra en ningún máster, ni taller, ni libro. Para llegar a él, son útiles los guías, pero solo podemos descubrirlo en nosotros mismos y por nosotros mismos.

¿Puedes hablar un poco más del instante presente?

En el instante presente es donde sucede la vida, donde se abren todas las posibilidades. Donde vive la totalidad. En el instante presente es donde se dan todas las comprensiones profundas, es donde podemos tocar la Conciencia Pura.

La Conciencia Pura no está en el pasado ni en el futuro, solo está aquí y ahora.

¿El tiempo no existe?

El tiempo psicológico no existe, es una invención del pensamiento, pero obviamente hay un movimiento: el día y la noche, las estaciones del año, el movimiento de los planetas, el movimiento del cuerpo que nace, se convierte en un joven, luego en un adulto y en un viejo… Este movimiento deja rastro a su paso, y por eso lo vivimos como si pasara el tiempo.

Sin embargo, cuando despiertas, es como si salieras de ese movimiento del «tiempo». Ya no tienes esa percepción que antes te contaba el pensamiento, estás siempre aquí, en el instante presente, entras en un estado donde, más que tiempo, lo que haces es acompañar el movimiento, día, noche, etc. Estás en un presente continuo.

Llega la primavera y los árboles florecen, sí, pero ese brotar se da en el presente, en ningún otro lugar.

Podríamos decir que al movimiento de la conciencia le

hemos puesto el nombre de «tiempo», y nos hemos quedado atrapados en él. Hemos creado una convención como tantas otras, y esta ha cristalizado. Estamos atrapados en el tiempo, igual que en la identidad.

No hay nada más sanador que el instante presente. De hecho, la enfermedad surge cuando nos desconectamos del aquí y el ahora. Es decir, estamos, pero no de manera consciente.

La enfermedad del ser humano es vivir en la ilusión mental. Nos vamos del pasado al futuro, y en ese ir y venir nos llevamos con nosotros la identidad, la historia personal, el árbol genealógico, la memoria de todo lo vivido...

Viajamos del pasado al futuro y nos perdemos la vida.

La vida está en el principio de realidad, y ¿dónde está el principio de realidad? Aquí y ahora.

¿El instante presente no admite comentarios?

Exacto; si ahora se pone a llover y decimos: llueve, eso es real, instante presente. Si añadimos algo más: no tendría que llover, llueve mucho, llueve poco, etc., ya salimos del instante presente y entramos en la interpretación.

Por eso, mi sugerencia es no añadir comentarios a nada de lo que sucede. Llueve. Nada más, ni bien ni mal, ni me conviene o no me conviene. Cuando miramos la lluvia desde este lugar, conseguimos captar la esencia de la lluvia.

De alguna manera nos convertimos en lluvia, y la lluvia se alegra muchísimo porque la dejamos ser. No le añadimos nada. No tocamos su pureza.

Antes has hablado extensamente del «bien» y el «mal», pero creo que son dos conceptos que están tan arraigados en nosotros que exigen una explicación más amplia.

El bien y el mal solo existen en el pensamiento. En el vacío, en el silencio, nunca pasa nada. Vistos desde el Pulsar Esencial, diría que hay un desorden que busca orden. Hay inconsciencia que busca consciencia.

Pero la sociedad necesita de un código moral, así lo establecen además las tradiciones religiosas y filosóficas.

La falta de rendición ante la vida nos obliga a establecer un control. Como el pensamiento siempre divide la realidad en base a unas creencias, hemos creado estructuras morales y doctrinas.

Lo que los seres humanos buscamos en el bien y el mal es completarnos, redimirnos. Sin embargo, el juicio de lo que está bien y lo que está mal solo es una idea, y una idea jamás nos completará ni nos redimirá.

¿Redimirnos de qué?

De la inconsciencia, de nuestro apego a la identidad, de nuestro miedo a la muerte, de la resistencia a rendirnos a lo que sucede sin juzgar.

Hay comportamientos que son muy difíciles de aceptar.

¿Cómo decir esto…? Por terrible que sea la manifestación de un ser humano en el mundo (un terrorista, un pederasta, un maltratador, en fin, pongámonos el peor horror delante de nosotros), el primer paso es no rechazarlo.

Tenemos que tener la valentía de admitir que los actos de estas «supuestas malas personas» son manifestaciones de energías que todos tenemos dentro. El pederasta es una parte de nosotros, el terrorista está dentro de nosotros, el maltratador está en todos nosotros… El mundo y la sociedad la creamos entre todos, no hay nada separado.

La manera de transformar estos comportamientos no es ocultándolos ni juzgándolos, al contrario, es dándoles un lugar, reconociéndolos y aceptándolos.

¿Quieres decir que estas conductas se podrían sanar con la aceptación?

Me refiero a una aceptación que no sale del pensamiento, del juicio, sino que surge de un lugar mucho más profundo del ser humano. Una aceptación que es unidad, que devuelve el desorden al orden, la inconsciencia a la conciencia. Una aceptación que restaura la paz en cada uno de nosotros y nos convierte en agentes de cambio. Es la única manera de restaurar la paz en el mundo.

Sin embargo, si rechazamos al terrorista, al pederasta…, lo único que hacemos es alimentar esa energía y perpetuarla. El rechazo no ayuda a resolver estas acciones.

¿Hablas de perdón?

Hablo de amor que podemos entenderlo como perdón, sí. El perdón es entregar el desorden a la unidad para que se ordene.

Cuando nos encontremos con alguien que nos hace daño, busquemos dentro de nosotros, convirtámonos en el espacio vacío capaz de acoger lo que la vida nos trae, sin juicio, sin castigo. Toquemos el desorden del otro ser humano en nosotros y, una vez que lo toquemos, dejemos que aflore. Entonces ese desorden, en manos de la inteligencia de la vida, se convierte en orden, en amor.

El movimiento de la vida nos trae situaciones, a veces terribles y dolorosas, pero tenemos que ser conscientes de que, en lo profundo, nunca pasa nada.

Sé que lo que digo es muy difícil de entender, porque cuando pasamos por situaciones complicadas duele mucho que alguien te diga que no pasa nada.

¿Y la culpa?

Es la emoción más inútil que tiene el ser humano. Está ligada a la idea del bien y el mal que tenemos tan arraigada, a la idea de ser buenos para que nos quieran.

Es una creencia que genera drama y negatividad.

Es una creencia que se ha alimentado desde las diferentes tradiciones religiosas, y que se amplifica a través del ego individual y colectivo.

Una vez más, detrás de esta idea de la «culpa» lo que hay es miedo y necesidad de controlar la vida, de que las cosas sean de una manera determinada según unas creencias determinadas.

La culpa esconde mucha soberbia.

Creo que es importante entender a qué te refieres cuando hablas de lo superficial y de lo profundo.

En el ser humano conviven dos dimensiones esenciales: la dimensión de la identidad y la dimensión espiritual. La dimensión de la identidad necesita la dimensión espiritual para sobrevivir, la dimensión espiritual no necesita la identidad.

La identidad, a la que también me refiero muchas veces como dimensión superficial, está ligada al cuerpo, al pensamiento, a las emociones y a las circunstancias del mundo.

La dimensión espiritual jamás se ve afectada por nada de lo que le sucede a la identidad. La dimensión espiritual es un punto extraordinariamente estable. Es energía pura. Es la Conciencia Pura de la que emerge el Pulsar Esencial que da vida a la vida.

Es el lugar de donde surge todo lo que somos, todo lo que vemos, todo.

Creo que la parte superficial de nuestra vida nos pesa mucho.

La identidad no es un problema, forma parte del juego de la vida, el problema es que nos creamos que somos eso. El problema es que nos busquemos en el nombre, la familia, el país, la profesión, etc. En estos lugares nunca nos encontraremos, solo encontraremos carencia.

Entonces, ¿cuál es la función de la identidad?

Es la puerta al despertar. Todo lo que nos sucede en el mundo es una oportunidad para despertar a la Conciencia Pura que somos.

Podríamos decir que hay una energía pura, absoluta, quieta, a la que yo llamo la Conciencia Pura. No se sabe por qué esta energía pura genera un movimiento, el Pulsar Esencial, que da lugar al mundo de las formas, las dimensiones, los multiversos, etc. En definitiva, el mundo de la identidad donde aparecemos como cuerpos, que también es energía, una energía más densa.

En lo profundo todos somos Conciencia Pura y nunca nos vemos afectados por el movimiento, por ninguna circunstancia; en lo superficial, somos movimiento y nuestra vida humana atraviesa por todo tipo de visicitudes.

¿Despertar es entender el juego de la vida?

Es salir de la ilusión. Sigues teniendo un cuerpo, una mente y una vida, pero ya no te aferras a nada. Sabes que el mundo es un espejismo que te guía hacia lo que eres realmente: Conciencia Pura.

Los ángeles, los arcángeles, los seres de luz, los seres que habitan en otros planetas...

Las expresiones del Pulsar Esencial son vastas y profundas. La vida se manifiesta a través de muchos canales. No tengo mucho que decir al respecto, realmente. En alguna ocasión, en alguno de los viajes astrales he podido ver otros seres, pero, simplemente, los acojo. Tampoco me pregunto quiénes son o qué hacen, solo los abrazo desde el silencio como expresiones de vida. Todos los seres merecen mi respeto.

Aliciah, todos buscamos amor: en los padres, en los hijos, en la pareja, en los amigos... ¿Qué es para ti el amor?

Es lo que somos. Es nuestra condición esencial. Somos amor, somos unidad, lo que pasa es que no tenemos conciencia de ello porque nos vivimos separados del Ser, por eso buscamos el amor fuera de nosotros, buscamos que nos lo dé «alguien».

El amor no es una emoción, es un estado. Un estado inclusivo, sin expectativas, que se mantiene en unidad y coherencia con todo lo que existe. El amor al que me refiero, podemos llamarlo consciente, no es individual, es universal. El amor consciente, incondicional, no tiene contrario, no tiene polaridad, no es selectivo, no hace distinciones.

Para conocer el amor consciente, tenemos que aceptar la muerte del ego; es decir, desaparecer como sujetos condicionados, y conectar con el gozo y la bondad del Ser.

La mayoría de los seres humanos, al no contactar con su esencia, con el amor que se expresa en ellos, viven un amor condicionado, dependiente del exterior.

El amor condicionado se nutre de la carencia, busca complementarse con el otro porque no ve su completitud. La carencia no es amor.

El amor incondicional es abundante y pleno.

La condición básica del ego es aferrarse al amor, como si

se tratase de un objeto, para llenar su sensación de carencia e inseguridad. El ego tapa el miedo a la supervivencia con una idea ilusoria sobre el amor.

El amor que somos nos invita a la comprensión, a la compasión, a la aceptación.

El amor incondicional es un sí a la vida que te lleva a la rendición.

¿Cómo ves la situación en el contexto social?

Creo que la vida nos quiere más despiertos. Tal vez la época del pensamiento ha llegado a su fin. Los humanos hemos recorrido un largo camino de la mano de la mente pensante. Es probable que estemos entrando en una nueva comprensión, en una nueva dimensión. Todo cambio implica cierto caos. El cambio siempre es doloroso.

¿Hacia dónde vamos los humanos?

Creo que nos dirigimos hacia un lugar más esencial, más consciente. La dimensión del pensamiento ya no puede ofrecernos nada más. Ya nos lo ha dado todo, ya nos lo ha ofrecido todo. Tenemos que descubrirnos en nuevos espacios internos, que luego se reflejarán en lo externo.

Creo que cada vez habrá más seres despiertos, y la iluminación se «normalizará».

La propuesta de la vida es muy vasta. Muy profunda. Lo

que más premia el universo es que nos abramos y nos descubramos en un espacio que desconocemos, que toquemos
ese lugar donde no hay muerte.

No sé si el ser humano logrará, como conjunto, este gran
paso que nos propone la vida. En cualquier caso, si no lo
conseguimos, no pasa nada, porque al final, aunque aparen-
temente muramos todos, nadie muere.

Suceda lo que suceda, lo único que jamás perderemos
es lo que somos: Conciencia Pura. Por lo tanto, en realidad
no hay nada de lo que preocuparse. Nada de nada. Pase lo
que pase.

editorial **K**airós

Puede recibir información sobre
nuestros libros y colecciones inscribiéndose en:

www.editorialkairos.com
www.editorialkairos.com/newsletter.html

Numancia, 117-121 • 08029 Barcelona • España
tel. +34 934 949 490 • info@editorialkairos.com